W0066034

hänssler

Vreni und Dieter Theobald

Heile Beziehungen — Beziehungen heilen

Von einer heilen Beziehung zu sich, Gott und dem Partner

Dieter und Vreni Theobald leben in der Schweiz. Sie sind bald 30 Jahre verheiratet. Von 1972-1979 Aufbau der Kinderarbeit und Mitarbeiter-schulung des Chrischonawerkes. Von 1980-1992 Leitung eines Stille- und Tagungszentrums. Seither in der Ehe- und Familienarbeit tätig. Für diese Aufgabe verschiedenste Aus- und Weiterbildungen in therapeutischer Seelsorge. Vreni Theobald absolviert z. Zt. eine Ausbildung als Paar- und Familientherapeutin.

Vielfältige Vortragstätigkeit im In- und Ausland (Frauenfrühstückstreffen, Männerkreise, Ehepaartreffen etc.). Sie sind bekannt durch die Veröffentli-chung zahlreicher Bücher.

Die Deutsche Bibliothek — CIP-Einheitsaufnahme

Theobald, Vreni:
Heile Beziehungen — Beziehungen heilen : von einer heilen
Beziehung zu sich, Gott und dem Partner / Vreni und Dieter
Theobald. — Neuhausen/Stuttgart : Hänssler, 1995
   (Hänssler-Taschenbuch)
   ISBN 3-7751-2351-2
NE: Theobald, Dieter:

hänssler-Taschenbuch
Bestell-Nr. 392.351

© Copyright 1995 by Hänssler-Verlag, Neuhausen/Stuttgart
Umschlaggestaltung: Stefanie Stegbauer
Satz: AbSatz Ewert-Mohr, Klein Nordende
Printed in Germany

Inhalt

Beziehungen

»Beziehungen« ist ein in unserer Zeit häufig vorkommendes Wort. Wir leben in Beziehungen, wir leiden an Beziehungen, wir schaffen Beziehungen. Wir brauchen Beziehungen, wenn wir weiterkommen möchten im Leben. Nur wer »Vitamin B«, wer Beziehungen hat, kann Karriere machen, kommt vorwärts, bringt es zu etwas.

Oder wir reden von gestörten, kaputten Beziehungen. Wir verstehen uns nicht mehr mit den uns nächsten Menschen in Familie und Verwandtschaft, in der Nachbarschaft und der Gemeinde. Man bricht Beziehungen ab oder knüpft neue Beziehungen.

Der Mensch ist auf Beziehung hin angelegt. Er kann sich nur dort entfalten, wo er in guten, harmonischen Beziehungen lebt, wo er Bezugspersonen hat. Wir brauchen im Leben heile Beziehungen!

Mit unserer ganzen Persönlichkeit sind wir hineinverflochten in ein mehr oder weniger weites Beziehungsnetz. Und wie eine Spinne täglich an ihrem Netz arbeitet, arbeiten auch wir bewußt an unserem Beziehungsnetz. Wir bessern schadhafte Stellen aus, reißen vermeintlich unnütze Fäden ab, knüpfen neue an. Vielleicht merken wir gar nicht bewußt, wie schön und weitläufig dieses Netz geworden ist, wieviel Bereicherung, Liebe, Halt und Korrektur uns in diesem Beziehungsnetz geboten wird.

Vielleicht ist es auch zu eng geflochten, und wir fühlen uns eingeengt. Wir können uns nicht mehr frei bewegen.

Wir verstricken uns manchmal im eigenen Beziehungsnetz vor lauter Rücksicht auf das, was die verschiedenen Bezugspersonen von uns denken und erwarten, was sie fordern und wünschen.

So können Beziehungen zum Segen und zum Fluch werden, zur Erweiterung und zur Einengung des Lebensraumes.

Nicht alle Beziehungen, die wir eingegangen sind und die wir pflegen, sind in gleichem Maße wichtig und bedeutsam für uns. Es gibt enge und lose Beziehungen, verbindliche und eher oberflächliche.

Eine Beziehung aber ist in besonderer Weise eine intensive und anspruchsvolle: die Ehebeziehung. Wer verheiratet ist, ist diese Beziehung normalerweise freiwillig eingegangen. Aber wir haben es amtlich und vor Gott dokumentiert, daß wir diese Beziehung lebenslänglich pflegen, fördern, aufrechterhalten wollen, und zwar in guten und in bösen Tagen! Das stellt man sich in den Tagen des Verliebtseins ganz leicht und schön vor. Da kann man Sätze hören wie: »Mit jedem Tag wird es bei uns schöner werden!« — »Unsere Ehebeziehung soll ein Stück Himmel auf Erden werden!« —

Die Erfahrungen in unserer Gesellschaft heute belehren uns dann allerdings eines anderen. Viele Ehen werden geschieden, Beziehungen brechen auseinander; Konflikte, Versagen, Schuld belasten die Beziehung und machen das Miteinander fast unerträglich. Der Traum von der großen, tiefen Liebe ist bald ausgeträumt. Der Ehealltag stellt große Anforderungen an unsere Beziehung, und es braucht mehr als ein »warmes Gefühl in der Brust«, um eine gute Beziehung durch den Frost der Enttäuschungen aneinander hindurchzuretten.

Irmela Hofmann sagte einmal: »Glück ist nur, daß man sich findet. Daß man sich lieb behält und beieinander bleibt, ist harte Arbeit am eigenen Charakter.«

Eine Ehebeziehung ist keine statische, festgemauerte Beziehung, sondern ein dynamischer Prozeß. Eine Beziehung verändert sich, wächst, bröckelt ab, wird vertieft, durchläuft Krisen, kennt Neuanfänge! Man lernt aneinander, man leidet aneinander, man freut sich aneinander und man reift aneinander.

In einer Zeit, in der ich an mir, an Gott und der Welt und natürlich auch an unserer Beziehung litt, verfaßte ich folgende Verse, die ich an meine Frau richtete und die mir zugleich auch wieder den Einstieg in die Beziehungsarbeit ermöglicht haben:

> Manchmal scheint die Welt so trüb,
> und ich wähn' mich ungeliebt,
> fühl' nur Kummer, Last und Plag',
> daß ich fast nicht leben mag:
> Doch du hast mir mit deiner Art
> manchen Kummer schon erspart;
> hast mich aus der Schwermut Nacht
> an das helle Licht gebracht.
>
> Manchmal hat ein guter Freund,
> – wenn er's auch nicht so gemeint –
> mich verärgert und frustriert,
> und ich war ganz schön blockiert:
> Doch du hast mir mit deiner Art
> manchen Kummer schon erspart;
> hast mich, – das sollst du nun wissen –
> aus der Frustration gerissen.

Manchmal geht auch alles schief,
daß mir nichts von Händen lief,
und ich könnte wütend werden
über alles hier auf Erden.
Doch du hast mir mit deiner Art
manchen Kummer schon erspart;
und mein Unmut ist verflogen,
weil du mir bist sehr gewogen.

Manchmal – es ist kein Gerede –
stand ich auch mit Gott in Fehde,
war von Zweifel ich geplagt,
hab' fast allem abgesagt.
Doch du hast mir mit deiner Art
manchen Kummer schon erspart;
hast für mich geglaubt, gebetet
und mir helfend zugeredet.

Manchesmal ist deine Art
für mein Empfinden auch gepaart:
sie bringt mir Ärger, macht mir Freud',
schafft Frieden mir und schafft mir Leid.
Du hast mir mit deiner Art
manchen Kummer auch parat.
Du bist auch nicht immer gleich:
heute hart – und morgen weich.

Manchesmal, – ist's böser Wille? –
Oder ist's die dunkle Brille,
daß ich über dich nicht froh?
Doch ich weiß, die Sach' ist so:
Du hast mir mit deiner Art

manchen Kummer schon erspart.
Dafür bin ich herzlich froh:
Vreni, »spare« weiter so!

Meine Beziehung zu Gott

Beziehungen sind lebensnotwendig; denn wir sind schöpfungsmäßig auf Beziehung hin angelegt. Wir mögen im Leben auf manches verzichten müssen, — auf Beziehungen können wir nicht verzichten! Mangelnde oder schlechte oder belastete Beziehungen machen uns krank.

Es gibt jenes Beispiel eines Königs, der vor vielen hundert Jahren durch Experimente mit kleinen Kindern herausfinden wollte, welches die Ursprache ist. Er nahm einige neugeborene Kinder ihren Müttern weg und ließ sie durch Krankenschwestern aufziehen. Sie hatten den Auftrag, den Babys eine gute Betreuung und Versorgung angedeihen zu lassen. Nur eines durften sie unter keinen Umständen: mit den Kindern sprechen. Der König wollte eben herausfinden, welche Sprache sie auf diese Weise sprechen würden.

Ergebnis: Sie lernten keine Sprache, und sie verkümmerten und starben sehr rasch. Das Gespräch als der wichtigste Bestandteil der Beziehung fehlte ihnen. Der Mensch verkümmert, wenn er nicht in Beziehung treten kann.

Er braucht persönliche Zuwendung, Annahme und Liebe zu seiner Entfaltung!

Fast alle Konflikte, Zerwürfnisse, Spaltungen in der Gemeinde, im persönlichen Leben, in den gesellschaftlichen Bezügen sind auf Beziehungsstörungen zurückzuführen. Darum ist diese Thematik so wichtig.

Beziehung heißt: Bezug, Verhältnis, Verbindung, Kontakt, Gemeinschaft.

Es wird eine Brücke hergestellt aus Vertrauen, Annahme, Achtung und Offenheit — und die »Energie«, die dazwischen hin- und herfließt, heißt: *LIEBE.*

Ein anschauliches Bild liefert der Bau des berühmten Meerestunnels unter dem Ärmelkanal hindurch, der England und Frankreich miteinander verbindet. Er stellt — wie jeder Tunnel — eine direkte Beziehung her, um den Verkehr und den Austausch von Waren zu ermöglichen. Ein Tunnel wird nicht zur Zierde gebaut, sondern als benutzbarer Durchgang.

Ein anderes Bild: Ein junger Mann knüpft Kontakt zu einem netten Mädchen. Er wird werben und sie sein Interesse spüren lassen, bis sie sich öffnet und auch von sich her eine Brücke baut.

Dann können sie miteinander ihre Beziehung aufbauen, sie lernen sich kennen, machen gemeinsame Erfahrungen, gewinnen sich lieb.

So ist es auch mit dem Glauben an Gott: Unser Glaube an den lebendigen Gott ist keine Religion, kein Dogma, sondern eine Beziehung. Gott möchte die Beziehung mit uns.

Er ist nicht der einsame, unerreichbare Solist, sondern lebt selber in Beziehung als dreieiniger Gott: Vater, Sohn und Heiliger Geist.

Pfarrer Kurt Marti gab seinem Buch über die Dreieinigkeit Gottes den Titel: *»Der gesellige Gott«* — Er sucht und lebt Beziehung!

Weil wir nach seinem Bilde geschaffen sind, lebt in uns die gleiche Beziehungsstruktur.

Wir sind auf Gott hin bezogen, leben und ruhen in der Gemeinschaft mit dem dreieinigen Gott — und sind als Menschen aufeinander hin geschaffen.

Es gibt in der russisch-orthodoxen Tradition eine Ikone der Dreifaltigkeit von Rubilew, die sehr anschaulich darstellt, wie Vater, Sohn und Heiliger Geist miteinander in Beziehung leben, aufeinander ausgerichtet sind.

Jeder ist ganz selbständig, aber sie sind ganz aufeinander bezogen und voneinander abhängig.

Jesus sagt uns von seiner liebevollen Beziehung zum Vater an verschiedenen Stellen. Wir lesen im Johannesevangelium:

Joh 8, 28+29: *»Ich tue nichts aus mir selber, sondern wie mich der Vater gelehrt hat, so rede ich. Und der mich gesandt hat, ist mit mir. Der Vater läßt mich nicht allein, denn ich tue allezeit, was ihm gefällt.«*

Joh 10, 30: *»Ich und der Vater sind eins.«*
Joh 10, 38: *»Der Vater ist in mir und ich in ihm.«*
Joh 16, 15: *»Alles, was der Vater hat, das ist mein.«*

Und er spricht von der liebevollen Beziehung zum Heiligen Geist:

Joh 14, 16-18: *»Ich will den Vater bitten, und er wird euch einen anderen Tröster geben, daß er bei euch sei in Ewigkeit, den Geist der Wahrheit, den die Welt nicht empfangen kann, denn sie sieht ihn nicht und kennt ihn nicht.*

Ihr kennt ihn, denn er bleibt bei euch und wird in euch sein. Ich will euch nicht als Waisen zurücklassen.«

Vers 26: *»Der Tröster, der heilige Geist, den mein Vater senden wird in meinem Namen, der wird euch alles lehren und euch an alles erinnern, was ich euch gesagt habe.«*

Der Heilige Geist bezieht sich auf Jesus!

Wir sind »hineinbezogen« und -gezogen in diesen Kreislauf der Liebe, in diese lebendige Beziehung, wie Jesus es sagt:

Joh 14, 20: *»An jenem Tage werdet ihr erkennen, daß ich in meinem Vater bin und ihr in mir und ich in euch.«*

Vers 23: *»Wer mich liebt, der wird mein Wort halten; und mein Vater wird ihn lieben, und wir werden zu ihm kommen und Wohnung bei ihm nehmen.«*

Joh 17, 20-26, das Hohepriesterliche Gebet, ist ein tiefes Zeugnis der Wechselbeziehung:

»Ich bitte aber nicht allein für sie, sondern auch für die, die durch ihr Wort an mich glauben werden, damit sie alle eins seien. Wie du, Vater, in mir bist und ich in dir, so sollen auch sie in uns sein, damit die Welt glaube, daß du mich gesandt hast.

Und ich habe ihnen die Herrlichkeit gegeben, die du mir gegeben hast, damit sie eins seien, wie wir eins sind, ich in ihnen und du in mir, damit sie vollkommen eins seien und die Welt erkenne, daß du mich gesandt hast und sie liebst, wie du mich liebst.

Vater, ich will, daß wo ich bin, auch die bei mir seien, die du mir gegeben hast; [...] denn du hast mich geliebt, ehe der Grund der Welt gelegt war.

Gerechter Vater, die Welt kennt dich nicht; ich aber kenne dich, und diese haben erkannt, daß du mich gesandt hast. Und ich habe ihnen deinen Namen kundgetan und will ihn kundtun, damit die Liebe, mit der du mich liebst, sei in ihnen und ich in ihnen.«

Die ganze Bibel ist ein *Beziehungsbuch!*

Sie erzählt von Anfang bis Ende die Geschichte Gottes, wie er Beziehung zu seinen Geschöpfen sucht und schafft.

1. Gottes gute Absicht war »heile Beziehung« auf allen drei Ebenen

Es geht um die Beziehung Gottes zum Menschen und umgekehrt, um die Beziehung der Menschen untereinander und um unsere Beziehung zur Schöpfung. Alles ist miteinander verbunden, voneinander abhängig.

Wir kennen heute sehr wohl die ökologischen Zusammenhänge in der Natur oder entdecken sie neu.
Wir wissen, daß alles zusammenhängt und wir nicht ohne Konsequenzen zerstören und ausrotten können.
Wir sprechen vom ökologischen Beziehungssystem!

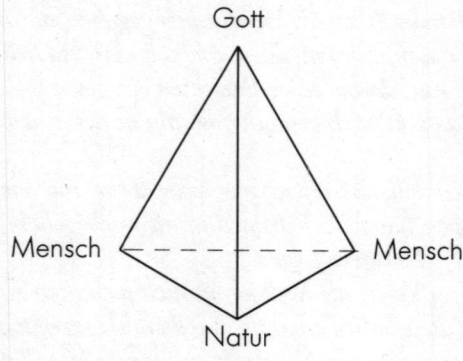

2. Durch die Sünde ist die Beziehung auf allen drei Ebenen zerbrochen

Weil die Beziehung zu Gott zerbrochen ist, sucht der Mensch Ersatz in der Vergötzung der Natur und des Menschen.

Er ist »*seiner selbst gewahr geworden*« (nach 1. Mose 3, 7) und dreht sich um sich selbst, er wird sich selber zur Mitte und verliert dadurch seine Bestimmung.

Statt die Beziehung zum Schöpfergott rückt das ›Selbst‹ in den Mittelpunkt:

Selbsterhaltung, Selbsterlösung, Selbstverwirklichung, Selbstgerechtigkeit.

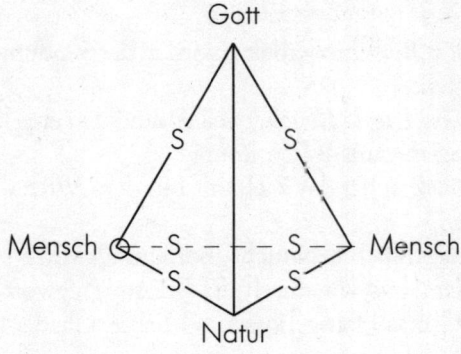

S = Sünde

Durch die zerbrochene Beziehung zum Mitmenschen grenzt er sich ab, fürchtet sich vor dem Nächsten, tritt in Konkurrenz, beutet den Nächsten aus, versklavt und beherrscht ihn.

Die zerbrochene Beziehung zur Natur hat die Ausbeutung und Zerstörung der Natur zur Folge, aber auch die Verneinung der eigenen Leiblichkeit oder die Vergötterung der Schönheit, der Gesundheit, der Sexualität.

3. Beziehungserneuerung

Trotz der Sünde hörte Gott nicht auf mit seiner Suche nach Beziehung.

Er erwählte sich Abraham und nannte ihn seinen Freund.

Er berief Mose als Führer seines Volkes und redete mit ihm von Angesicht zu Angesicht. Die zehn Gebote beschreiben und klären Beziehungen!

Daß Gott Beziehung meint, wird in der Sendung Jesu am deutlichsten:

»Das Wort wurde Fleisch«, weil er nur so in eine lebendige Beziehung mit uns treten konnte.

Der Tod Jesu hat das Ziel, uns mit dem Vater wieder zu versöhnen.

Und die Bibel gebraucht Beziehungsworte, um uns mitzuteilen, was wir durch die Erlösung geworden sind: Kinder, Gottes Hausgenossen, Geliebte, Glieder am Leib, Brüder.

Die Erlösung durch Jesus schafft auch eine neue Beziehungsebene zum Nächsten (Eph 3, 13+14 / Gal 3, 27+28).

Wenn meine Beziehung zu Gott in Ordnung gekommen ist, kann ich auch wieder mit den Menschen in neuen Beziehungen leben und sie pflegen.

Es geht also ganz konkret um die Beziehung zu Gott, um meine Beziehung zum Vater im Himmel, zu Jesus, zum Heiligen Geist.

Ich frage Sie direkt:

Haben Sie eine persönliche, lebendige Beziehung zum Vater im Himmel?

Wie sieht diese aus?

Anregung 1:
Versuchen Sie Ihre Beziehung zum Vater im Himmel in zwei bis drei Sätzen zu beschreiben oder sie zu zeichnen.

Anregung 2:
Versuchen Sie Ihre Beziehung zu Ihrem irdischen Vater in zwei bis drei Sätzen zu beschreiben oder sie zu zeichnen.

Sind Parallelen da?
Wir müssen daran denken, daß alle Vaterschaft auf dieser Erde bruchstückhaft und unvollkommen gelebt wird.
Unsere irdischen Väter brauchen Vergebung für das, was sie uns nicht geben konnten.

Jesus ist die Tür zur Vaterschaft Gottes, er ist der »ältere Bruder«, er zeigt uns den Vater, wie er wirklich ist.

Philippus sagte: *»Herr, zeige uns den Vater, und es genügt uns«* (Joh 14, 8).

Die tiefste Erfahrung der Vaterschaft ist das unbedingte Angenommensein und Geliebtsein. Der Vater stellt keine Bedingungen (» ... wenn du brav bist..., wenn du gute Noten schreibst..., wenn du fleißig bist...«).

Er schämt sich seiner Kinder nie. Nicht eine Sekunde zieht er seine Annahme zurück. Er bleibt treu.

Es ist ein ganz großes Vorrecht, um das wunderbare Geheimnis der Vaterschaft Gottes zu wissen, *»der der rechte Vater ist über alles, was da Kinder heißt im Himmel und auf Erden«* (Eph 3, 15).

Mit dem »verlorenen Sohn« wollen wir darum sagen: *»Ich will mich aufmachen und zu meinem Vater gehen«* (Lk 15, 18) und in eine neue Liebesbeziehung zu ihm treten.

Haben Sie eine persönliche, lebendige Beziehung zu Jesus Christus, Ihrem Heiland und Erlöser?

Als Christ, vielleicht als Mitarbeiter in einer christlichen Gemeinde, werden Sie diese Frage schnell beantwortet haben. Wir machen doch allerhand für Gott. Wir dienen ihm, wir setzen uns ein, wir investieren etwas für die Sache Gottes. Aber das ist es eben gerade.

Unsere Beziehung zu Jesus »rutscht« für uns Christen, die wir es aufrichtig meinen, so leicht ab in ein »Dienstverhältnis«. Wir gewinnen Menschen »für ihn«, arbeiten »in seinem Namen«. Und wo ist unsere Gemeinschaft mit ihm? Wo ist unser Herz, unsere Liebe für ihn?

Wie sieht unser *»bleiben in ihm und er in uns«* aus?

Die Begegnung Jesu mit Petrus am See Tiberias (Joh 21) zeigt uns, was Jesus wirklich sucht mit seinen Mitarbeitern: ein Liebesverhältnis.

Dreimal fragt Jesus: *»Simon, Sohn des Johannes, hast du mich lieb?«*

Mit dieser Frage stellt sich Jesus auch vor uns: »*Hast du mich lieb?*«

Ich suche nicht deine Tüchtigkeit. Ich möchte nicht erstlich, daß du viel arbeitest und Erfolgsmeldungen lieferst.

Ich suche nicht die Beweise deiner Frömmigkeit – durch Stille Zeit und Gebetsnächte. Ich suche nicht dein Gutsein. –

Ich suche Dich – Dein Herz – Deine Liebe!

Haben Sie eine persönliche und lebendige Beziehung zum Heiligen Geist?

Wir freuen uns, daß wir den Heiligen Geist empfangen haben bei unserer Wiedergeburt, daß er die Kraft Gottes in uns ist, uns die Schrift offenbart, uns Jesus großmacht, uns tröstet, ermahnt und führt.

Aber eine Beziehung zum Heiligen Geist? – Ist das nicht gefährlich oder schwärmerisch?

Der Heilige Geist ist eine Person, also beziehungsfähig, dialogfähig. Der Heilige Geist redet mit uns, er lehrt, erinnert, er tröstet und führt hinein in die Wahrheit.

Er hilft uns auf, wenn wir schwach sind und vertritt uns vor dem Vater, weil er die Tiefe unseres Herzens kennt und erforscht.

Der Heilige Geist bestätigt uns in einer gütigen Art, daß wir Kinder Gottes sind und zum himmlischen Vater »Abba« sagen dürfen.

Vielleicht ist der Heilige Geist am ehesten mit mütterlichen Eigenschaften zu beschreiben.

Klaus Bockmühl schreibt in seinem Buch: »Hören auf den Gott, der redet«, Seite 47: *»Die Christenheit heute hat* *einen unsichtbaren Lehrer und Führer. Er ist der Doctor Internus, der ›innere Lehrer‹, wie die Alte Kirche ihn nannte. [...]*

In christlichen Kreisen macht man aus ihm viel zu oft einen bloßen ›Kraftspender‹, und deshalb letzten Endes eine stumme Macht und eine unpersönliche Kraft.«

Wir dürfen unsere Angst vor dem Heiligen Geist ablegen, uns seinem zarten, guten Wirken anvertrauen und öffnen. Der Vater im Himmel wird uns nicht »Steine statt Brot« geben, wenn wir um die Erfüllung mit dem Heiligen Geist bitten!

Lk 11, 13: »*Wenn nun ihr, die ihr böse seid, euren Kindern gute Gaben geben könnt, wieviel mehr wird der Vater im Himmel den heiligen Geist denen geben, die ihn bitten!*«

Paul Gerhardt hat die Einladung an den Heiligen Geist in der vierzehnten Strophe des Liedes: »Geh aus, mein Herz ...« so formuliert:

»*Mach in mir deinem Geiste Raum, daß ich dir werd' ein guter Baum, und laß mich Wurzel treiben;*

verleihe, daß zu deinem Ruhm ich deines Gartens schöne Blum' und Pflanze möge bleiben.«

Diese Einladung an den Heiligen Geist dürfen wir miteinander aussprechen mit den Worten eines Liedes:

»Komm, Heiliger Geist, komm, Heiliger Geist, erfüll' mich mit himmlischem Glanz.

Der Friede in mir ist die Gabe von dir, komm, Heiliger Geist, füll' mich ganz.«

Die Sehnsucht nach einer Liebesbeziehung mit Gott kennen Sie sicherlich auch.

Wir wünschen sie uns und brauchen sie, weil der Glaube

sonst zur Routine und Tradition wird. Nur die Liebe hält ihn lebendig.

Jesus sagt der Sendschreibengemeinde in Ephesus deutlich (Offb 2, 4):

»Aber ich habe gegen dich, daß du die erste Liebe verläßt«.
Aber wie kann eine Beziehung wieder in der ersten Liebe leben? Und vor allem: Wie **bleibt** man darin?

Es genügt nicht, daß man sich Vorwürfe macht oder sich anklagt, weil man lau und träge geworden ist.

Es reicht auch nicht, daß man sich einen Rippenstoß versetzt und sagt: »Klemm dich wieder dahinter, gib dir mehr Mühe, mach wieder mehr Stille Zeit...«
Das bringt nichts als Frust und Resignation.

Nicht einmal das kurze Aufleuchten eines Feuers auf einer Konferenz bringt auf Dauer etwas.

Was uns persönlich echt viel gebracht und uns angesteckt hat, war:

daß wir mit dem **Herzen** begriffen und ergriffen haben, das wir **Geliebte** sind.

Nicht **wir** müssen die **erste Liebe** aufbringen. *»Gott hat uns zuerst geliebt«* (1. Joh 4, 19)! ER bringt die erste Liebe auf!

ER hat uns gesucht, geliebt, als wir noch weit weg waren von ihm;

ER liebt uns jetzt mit all dem Ballast, den wir mit uns herumtragen, und mit allem Schönen und Guten, was wir bieten.

Unsere Liebe zu ihm ist immer eine »Antwortliebe«. Wir reagieren nur auf seine Liebe — und das ist doch eigentlich nicht so schwer.

Schwierig wird es nur, wenn ich mich aus dem Geliebt-
werden entferne und beweisen will, daß ich's selber kann,
daß ich gut bin.

Liebe kann man nicht verdienen, sie ist ein Geschenk, das
ich annehmen und dafür danken kann.

Eine Liebesbeziehung ist wie ein Garten:

Wenn man ihn vernachlässigt, nicht mehr die Pflanzen
begießt und ihn pflegt, dann verwildert er.

Wer sich lieben läßt, sich der Liebe aussetzt, dessen Herz
wird satt von Liebe, und es wird in ihm eine Quelle der
Liebe werden, die weiterströmt.

Meine Beziehung zu mir

Am Anfang eines Beziehungsseminars baten wir die Teilnehmer, auf einem Blatt Papier mit Worten oder einer Zeichnung folgendes zum Ausdruck zu bringen: Wer bin ich?

Wenn wir vor diese Frage gestellt werden, antworten wir normalerweise mit unserem Namen, dem Beruf, der Herkunft, ob wir verheiratet sind oder Familie haben, welchen Auftrag oder Stellung wir wahr- und einnehmen, welcher Kirche oder Gemeinde wir angehören etc.

Wer sind wir? — Wer bin ich?

Dietrich Bonhoeffer schrieb einmal aus dem Konzentrationslager:

> Wer bin ich? Sie sagen mir oft,
> ich träte aus meiner Zelle
> gelassen und heiter und fest
> wie ein Gutsherr aus seinem Schloß.

> Wer bin ich? Sie sagen mir oft,
> ich spräche mit meinen Bewachern
> frei und freundlich und klar,
> als hätte ich zu gebieten.

> Wer bin ich? Sie sagen mir auch,
> ich trüge die Tage des Unglücks
> gleichmütig, lächelnd und stolz,
> wie einer, der Siegen gewohnt ist.

Bin ich wirklich, was andere von mir sagen?
Oder bin ich nur das, was ich selbst von mir weiß?
Unruhig, sehnsüchtig, krank, wie ein Vogel im Käfig,
ringend nach Lebensatem, als würgte mir einer die Kehle,
hungernd nach Farben, nach Blumen, nach Vogelstimmen,
dürstend nach guten Worten, nach menschlicher Nähe,
zitternd vor Zorn über Willkür und kleinlichste Kränkung,
umgetrieben vom Warten auf große Dinge,
ohnmächtig bangend um Freunde in endloser Ferne,
müde und leer zum Beten, zum Denken, zum Schaffen,
matt und bereit, von allem Abschied zu nehmen?

Wer bin ich? Der oder jener?
Bin ich denn heute dieser und morgen ein anderer?
Bin ich beides zugleich? Vor Menschen ein Heuchler
und vor mir selbst ein verächtlich wehleidiger Schwächling?
Oder gleicht, was in mir noch ist, dem geschlagenen Heer,
das in Unordnung weicht vor schon gewonnenem Sieg?

Wer bin ich? Einsames Fragen treibt mit mir Spott.
Wer ich auch bin, Du kennst mich, Dein bin ich, Gott!

(Aus: »Widerstand und Ergebung«)

1. Wer bin ich?

Die wenigsten von uns mögen diese Frage so existentiell stellen und hinterfragen, wie das Dietrich Bonhoeffer tat. Aber irgendwie und irgendwann beschäftigt auch uns diese Frage, und sie wird dann eben auch für uns existentiell.

Was hat mich geprägt?

»Ganz der Papa«, sagt man bei Kleinkindern. Als Jugendlicher wird man über diesen Spruch wütend, im Älterwerden entdeckt man selber viele Ähnlichkeiten.

a) Anlage: Ich habe das Erbgut meiner Vorfahren erhalten, das genetische Erbe, und bin geprägt davon (z. B. Körperbau, Begabungen, Organminderwertigkeiten).

Oft setzt sich über viele Generationen eine Familienmelodie oder Familiengeschmack — in Variationen — durch, und man merkt: »Typisch Theobald / typisch Müller etc.«

b) Umwelt: Ich werde in eine Familie, Gesellschaft und Zeit hineingeboren, die mich prägt und beeinflußt.

Wir könnten sehr viele Prägungsgeschichten aufzählen, die alle eine Rolle spielen in der Persönlichkeitsentwicklung:

Elternhaus

- War ich willkommen oder abgelehnt?
- Mußte ich mir die Liebe und Anerkennung, die Bestätigung und Lebensberechtigung durch die Eltern mit Leistung verdienen?
- Wurde ich nur gelobt, wenn ich geholfen und gute Noten erbracht hatte? Oder war ich bedingungslos angenommen?
- Was hat Wert gehabt, was hat gezählt in der Familie?
- Konnte man offen über alles reden oder gab es »Tabu-Themen«, Schweigen?
- Haben sich die Eltern an anderen Menschen orientiert, also gesagt: »Was denken die Leute, wenn du...«?

- In welcher Geschwisterkonstellation wurde ich geboren? (Erst-, Letztgeborenes, Mittleres)
- Wie war die Ehe meiner Eltern? Hatte ich zu einem Elternteil eine innige Beziehung oder eventuell zu gar keinem?
- Waren noch andere Miterzieher da in der Familie?

Schule

Lehrer/innen spielten eine große Rolle in unserem Leben. Sie haben uns ein Tor zur Welt aufgeschlossen oder blockiert, sie waren uns Vorbilder oder Angstmacher.
- Ging ich gerne zur Schule? War ich beliebt oder ausgeschlossen?
- Vielleicht erinnere ich mich noch an meinen Spitznamen, der etwas verrät von dem Stempel, der mir in dieser Zeit aufgedrückt wurde?

Gemeinde

Für viele ist und war die Gemeinde wie eine Heimat, eine zweite Familie, in der man auf- und angenommen war.
- Was hat sich mir in der Gemeinde eingeprägt?
- Welche Vorbilder hatte ich dort?
- Ging ich gern in die Sonntagsschule, Jungschar, Jugendgruppe?
- Hatte die Gemeinde lebensbejahenden, fördernden Einfluß auf mich?

Freunde, Ehe, Ledigsein

- Habe ich prägende Freunde, mit denen ich in einem offenen Austausch stand oder stehe?
- In welche Richtung habe ich mich durch Freundschaften verändert?

- Welchen Einfluß hat meine Ehe, haben die eigenen Kinder auf die Entwicklung meiner Persönlichkeit?
- Wie beeinflußt mich mein Ledigsein?

Ausbildung, Beruf

Meistens haben wir uns einen Beruf gewählt, zu dem wir uns hingezogen fühlten, für den wir eine gewisse Begabung mitbrachten, der unserer Persönlichkeit entspricht.

Aber die Ausbildung und der Beruf haben auch eine große prägende Wirkung auf unser Leben.

Wir identifizieren uns oft mit dem Beruf und antworten auf die Frage: »Wer bist du?« mit dem Berufsstand. Vor allem Männer definieren sich vom Beruf her!

- Wie hat mein Beruf mich geprägt?
- Paßt mein Beruf zu mir — oder merke ich heute, daß meine eigentliche Begabung in eine andere Richtung geht?

Aussehen

Für Frauen hat beim Thema »Aussehen« die Figur einen hohen Stellenwert.

Selbstannahme, Sicherheit, Selbstbejahung werden aus dem Wissen um gutes Aussehen, eine gute Figur, schöne Kleider bezogen.

Ablehnung, Unsicherheit, Hemmungen, sogar Selbstverachtung entstehen, wenn man sich als »ungenügend« erlebt.

- Wo leide ich noch an meinem Aussehen, meiner Figur und lehne mich innerlich ab, finde mich häßlich?

c) Meine Reaktion, die Art und Weise, wie ich die vorgegebene Situation verarbeite und meinen eigenen Lebensstil ausprägе, bestimme ich selbst.

Ich bin nicht nur ein armes, passives Opfer von Anlage und Umwelt, sondern ich bin auch **aktiver Mitgestalter!** D. h. ich reagiere auf meine Umwelt, ich entwickle meinen Stil, mein Lebensmuster!

Beispiel: Rollenverhalten in der Kindheit:

Ich reagiere auf meine Familiensituation und »übernehme« eine Rolle als Musterkind, braves, pflegeleichtes Kind, Trotzkopf, schwarzes Schaf, Sündenbock, Kasper, Vermittler, Sonnenschein, Genie, Stolz der Familie, Prinzessin etc.

Interessant ist, daß wir diese prägenden Rollen oft durchs ganze Leben hindurch mitnehmen und unbewußt in neuen Beziehungsgeflechten wieder weiterleben.

Meine Persönlichkeit hat eine Geschichte! Ich bin »geworden«, meine Struktur ist gewachsen.

Wir stehen uns selbst oft recht hilflos gegenüber, vor allem dann, wenn wir merken, daß wir mit unserer Art anecken, andere verletzen.

Wir würden dann gern anders, jemand anderes sein.

Man entdeckt sich immer wieder mit alten Verhaltensmustern und kommt sich vor wie ein Wiederholungstäter mit der verzweifelten Frage im Herzen: Verändere ich mich denn nie?

2. Ich bin erneuert in Christus

Luther sagte: *»Die Tatsache, daß Christus in mir wohnt, macht, daß ich aus meiner Haut herauskomme und in Christus und in sein Reich versetzt werde...«*

Es findet also eine »Transplantation« statt — wir werden in Christus eine neue Kreatur!

Luther fährt fort: *»Das ist der Grund, warum unsere Theologie Gewißheit hat: Sie reißt uns von uns selber weg und stellt uns außerhalb unser (extra nos), so daß wir uns nicht auf unsere Kräfte, Gewissen, Sinn, Person, auf unser Werk stützen, sondern auf das, was außerhalb unser ist, nämlich auf die Verheißung und Wahrheit Gottes, der nicht täuschen kann.«*

Meine alte Prägung und mein Gewordensein sind und bleiben zwar da, aber sie sind nicht mehr die alles bestimmenden Größen.

Das, was ich in Christus bin, ist meine neue Existenz, meine neue Identität, mein neues Sein, das mich bestimmen und beeinflussen will!

Ich lebe das Neue, das durch den Geist Gottes, in Christus, in mir geschaffen ist, im Gewordensein, der Prägung, dem Gefäß des alten Menschen.

Paulus sagt in Phil 3, 4-9 von sich:

»...obwohl ich mich auch des Fleisches rühmen könnte. Wenn ein anderer meint, er könne sich auf Fleisch verlassen, so könnte ich es viel mehr, der ich am achten Tag beschnitten bin, aus dem Volk Israel, vom Stamm Benjamin, ein Hebräer von Hebräern, nach dem Gesetz ein Pharisäer, nach dem Eifer ein Verfolger der Gemeinde, nach der Gerechtigkeit, die das Gesetz fordert, untadelig gewesen.

*Aber was mir Gewinn war, das habe ich um Christi willen
für Schaden erachtet.*

*Ja, ich erachte es noch alles für Schaden gegenüber der über-
schwenglichen Erkenntnis Christi Jesu, meines Herrn. Um sei-
netwillen ist mir das alles ein Schaden geworden, und ich
erachte es für Dreck, damit ich Christus gewinne und in ihm
gefunden werde, daß ich nicht habe meine Gerechtigkeit, die
aus dem Gesetz kommt, sondern die durch den Glauben an
Christus kommt, nämlich die Gerechtigkeit, die von Gott
dem Glauben zugerechnet wird.«*

Er ist und bleibt ein Jude aus dem Stamm Benjamin, ein
Pharisäer etc. — aber er bezieht seinen Wert, seine Identität
nicht mehr daraus, sondern aus seiner neuen Identität, die
er durch den Glauben an Jesus Christus erhalten hat.

Hier kann er in großer Freiheit von sich sagen: *»Durch
Gottes Gnade bin ich, was ich bin!«* (1. Kor 15,10)

Wer bin ich in Christus?

Ich bin:
- erwählt vor Grundlegung der Welt (Eph 1,4)
- wiedergeboren aus dem Geist Gottes (Joh 3,3+6) und
  dem Wort Gottes (1. Petr 1,3+23)
- ein geliebtes Kind Gottes (Joh 1,12; Eph 5,1)
- von Gottes Geist geleitet (Röm 8,14)
- gerecht gemacht (Röm 5,1) oder die Gerechtigkeit
  Gottes (2. Kor 5,21)
- nicht mehr verdammt und angeklagt (Röm 8,1)
- würdig gemacht, auserwählt und heilig (1. Petr 2,9)
- Erbe Gottes und Miterbe Jesu Christi (Röm 8,17)

- versiegelt mit dem Heiligen Geist (Eph 1, 13) und sein Tempel (1. Kor 6, 19)
- gesegnet mit allem geistlichen Segen (Eph 1, 3)
- ein Wohlgeruch Christi (2. Kor. 2, 15)

Das alles und noch viel mehr bin ich in Jesus Christus! Es ist die Wahrheit! Leben Sie in Ihrer neuen, Ihnen von Gott geschenkten Identität?

In der Theorie ist uns das oft klar. Aber in der Praxis des Alltags grüßt der alte Mensch oft sehnsüchtig den neuen, der er gern wäre, aber eben nicht ist.

Auch wenn wir Fehler machen, bleibt es bestehen:

Ich bin und bleibe gerecht gemacht durch Jesus Christus.

Der Vater sieht nicht mehr mich an, sondern seinen Sohn, der sich vor mich stellt.

3. Ich bin beides: Sünder und Gerechter

Es bleibt eine Spannung, die man nicht aufheben kann: die alte und die neue Identität streiten in uns. Oder wie es Paulus in Römer 6 und 7 beschreibt: »*Das Fleisch streitet gegen den Geist*«.

Ich bin immer beides gleichzeitig: Sünder und Gerechter; nicht nur 50 % und 50 %, sondern 100 % und 100 %!

Woltersdorf hat dies im Lied »Wer ist der Braut des Lammes gleich?« treffend formuliert:

> *Wer bin ich, wenn es mich betrifft?*
> *Ein Abgrund voller Sündengift.*

Wer bin ich, Lamm, in deiner Pracht?
Ein Mensch, der Engel weinen macht;
so rein, so weiß, so schön, so auserwählt,
daß mir's an Worten zur Beschreibung fehlt.
O Sündenschuld, wie beugst du mich!
O Glaube, wie erhebst du mich!

Wir bleiben beides, bis Jesus uns vollendet in der Herrlichkeit.

Im Alltag muß ich mich immer wieder neu entscheiden, aus welcher Stellung heraus ich leben und handeln will.

Ein Mann hatte zwei Hunde, die er zum Kampf trainierte. Einer davon war sein Lieblingshund, den er gut fütterte und dem er Aufmerksamkeit schenkte; den andern ließ er einfach so mitlaufen.

Nun dürfen Sie raten, welcher Hund jeweils den Kampf gewann?!

Als was betrachte ich mich?

Als Versager und Niete, dann klage ich mich an und lebe unter dem Verdammungsurteil. Ich werde mich zurückziehen, depressiv und apathisch reagieren.
Oder: Ich muß mich ständig verteidigen, mich selbst rechtfertigen.

Als Geliebter, der vor Gott wertgeachtet ist, auch wenn er Fehler macht.
Dann lasse ich mich nicht entmutigen, ich gehe vorwärts, wage etwas.
Wenn ich einen Fehler gemacht habe, kann ich dazu stehen und mich entschuldigen.

Ich bin verantwortlich für diese Sache. Es liegt an mir, ob diese Arbeit gelingt und aufblüht.
Konsequenz: Große Anspannung, Überforderung, Last und Druck, Sorge und Angst; ich kann schlecht delegieren, bin abhängig von Bestätigung und Erfolg.

Ich bin eingesetzt als Verwalter.
Mein Herr ist Chef und Auftraggeber. Er wird mir schenken und geben, was ich brauche.
Konsequenz: Gelassenheit und Frieden auch bei viel Arbeit. Loslassen und abgeben können.

Ich bin Wächter.
Ich muß aufpassen, wachen, daß ja nichts Falsches geschieht.
(Das kann zu Schlaflosigkeit führen!)

Ich bin Bewachter.
Gott wacht über mich und über die andern.
Ich kann mich und das Werk unter seinen Schutz stellen und es IHM überlassen.

Ich muß mir Recht verschaffen, meine Meinung muß sich durchsetzen.

Ich lebe als Gerechtfertigter, der nicht mehr für sein Recht selber kämpfen muß.

Ich bin Diener der Gemeinde. Dann muß ich versuchen, die Menschen zufriedenzustellen, werde schnell von Menschenfurcht gequält.	Ich bin Diener Jesu Christi. Ich bin frei, um auf Gottes Stimme zu hören und IHM zu gehorchen.
Bin ich Erlöser und Heiland für die andern, zuständig für alle Nöte und Probleme? Ich sorge mich und übernehme die Probleme.	Ich bin ein Erlöster, der einen Heiland hat, der für mich zuständig ist. ER sorgt für mich und zeigt mir Lösungen.

4. Leben in einer neuen Beziehung zu mir

Das Wissen und Aneignen dessen, wer und was ich in Jesus Christus bin, ist das Ende des großen Lebenskampfes, der Beweisführung von eigener Tüchtigkeit und Frömmigkeit.

Ich darf aufhören, ständig an meinem Gut- und Besserseinwollen herumzudoktern, meiner Selbstverwirklichung hinterherzulaufen, einer Profilierungssucht zu verfallen.

So, wie Jesus es bei seiner Taufe am Jordan von seinem Vater gehört hatte: *»Du bist mein geliebter Sohn, an dem ich Wohlgefallen habe«*, so dürfen auch wir als Töchter und Söhne des Vaters im Himmel es fassen und glauben, daß Er es über uns ausspricht: »Du bist meine geliebte Tochter, mein geliebter Sohn. Ich freue mich über dich, du gefällst mir!«

Dieses Angenommensein, dieses Geliebtsein und Bestätigtsein vom Vater her hilft uns, zu uns selber in einer neuen Beziehung zu stehen.

Ein Kind, das durch seine Kindheit hindurch immer die Freude seiner Eltern über sein Dasein spürt, Bestätigung, Wertschätzung und Liebe erfährt, wird ein gesundes Selbstwertgefühl entwickeln.

Es kann sich entfalten, kreativ seine Gaben einbringen und wird nicht denken: »Diese Zeichnung zeige ich lieber nicht, sonst blamiere ich mich.«

Weil es ganz und gar angenommen ist in seinem Sosein, kann es sich echt und unverstellt zeigen. Es muß nicht ängstlich Schutzmauern um sich bauen oder ständig etwas tun, um seine Eltern zufriedenzustellen. Es ruht in einer liebevollen Beziehung zu seinen Eltern.

Genau dies ist uns nun möglich: Wir dürfen heraustreten aus den Verstecken und Schutzmauern, die wir uns gebaut haben, um uns zu schützen.

Wir können Masken abziehen. Wir dürfen echt und wahr werden und einfach die werden, die wir sind. Wir dürfen schwach sein und die Schwäche zugeben und zeigen — weil wir in und mit unserer Schwäche angenommen sind und weil das Neue, die von Gott geschenkte Identität, nur dort eindringen kann, das alte Wesen umgestalten und erneuern kann, wo die Selbstbehauptung und der Selbstschutz, die Eigenstärke fällt und ich mich öffne für das heilende Wirken Gottes.

»Laß dir an meiner Gnade genügen; denn meine Kraft ist in den Schwachen mächtig. Darum will ich mich am allerliebsten rühmen meiner Schwachheit, damit die Kraft Christi bei mir wohne« (2. Kor 12, 9).

Was für eine Befreiung wird uns da geschenkt, wenn wir nicht mehr die Starken und Guten sein müssen, die Superchristen und Übermenschen.

Ich darf Mensch sein, echt sein, wahr sein.

Ich darf mich mit all den Prägungen, meinem Gewordensein, den Lebenswunden anschauen.

»Die Wahrheit wird euch frei machen«, sagt Jesus in Joh 8, 32.

In diesem Erkennen, wer wir sind, darf es auch Tränen der Trauer geben um Fehlgelaufenes, Buße über soviel eigene Macht und Lebensentwürfe in Eigenregie, Schmerz über das Sichtbarwerden von Verletzungen.

Wir bitten den Herrn, daß Er uns durch Seinen Geist, den Geist der Wahrheit, aufzeigt, was in uns ist, damit Er mit Seinem Leben, Seinem Geist eindringen, heilen, befreien, umgestalten und verändern kann.

Gleichen wir nicht oft dem Standbild in Nebukadnezars Traum?

Oben glänzt das Gold (unser freundliches Lächeln und alle Tüchtigkeit), aber zuunterst sind Füße aus Ton, brüchig und immer vom Zusammenbruch bedroht.

Je mehr wir Jesus den Zugang freigeben zu den morschen Stellen, desto mehr wird er aufräumen und umgestalten.

Nicht auf tönernen Füßen sollen wir wackelig stehen, sondern ein Fundament aus Edelstein ist sein Ziel: Jes 54, 11: *»Siehe, ich will deine Mauern auf Edelsteine stellen und will deinen Grund mit Saphiren legen.«*

Je mehr ich meine »Selbststruktur«, d. h. meine Selbstbehauptung aufgebe und mich unter der guten Herrschaft des Hauptes Jesu in allen Bereichen öffne für sein Wirken an mir, desto mehr kann in mir der neue Mensch »zunehmen«, der nach Gott geschaffen ist.

Der Heilige Geist öffnet mir die Augen, um die alten Strukturen zu erkennen, er bringt sie ans Licht.

Ich darf um Vergebung bitten, darf ablegen, mich trennen vom alten und den neuen Menschen anziehen. Ich darf Christus ähnlich werden (Kol 3)!

Jesus ist uns in seinem Menschsein Vorbild.

Sein Dienst geschah nicht aus Lebenswunden heraus, seine Liebe war kein Suchen nach Anerkennung, er mußte sich nicht verbiegen und verstellen aus Furcht vor den Menschen.

Er konnte weinen und sich freuen, schwach sein und stark sein, mitfühlen und mitleiden. Er war und bleibt in seinem Handeln, Reden, Reagieren immer ganz echt, wahr und lebendig.

Er wußte, wer er war vor dem Vater im Himmel. Er ruhte in der Beziehung, im Angenommensein des Vaters.

So bin ich auch eingeladen, meine Beziehung zu mir selber in die heiligende, heilende Gegenwart des himmlischen Vaters zu bringen.

Ich darf »JA« zu mir sagen:

- zu meinem Gewordensein, meiner Vergangenheit, der Geschichte, die dazugehört. Die Versöhnung meines Herrn reinigt, heilt, verändert mein Leben. Ich lasse IHN an mir und meiner Geschichte wirken.
- zu meiner Gegenwart, dem / der, der / die ich heute bin, wo und mit wem ich heute bin. Ich lebe heute als geliebtes Kind des Vaters und vertraue, daß ER für mich sorgt.

• zu meiner Zukunft und dem, was aus mir wird. Ich werde geführt und werde hineingestaltet in das Bild, das ER von mir hat.

Aufgabe: »Mein Gewordensein«

a) Welche Menschen und Ereignisse haben in der Vergangenheit einen stark prägenden Einfluß auf mich gehabt?

fördernd / positiv	hindernd / negativ

Wie bin ich damit umgegangen?
Wie habe ich mich darin verhalten?

b) Welche Rolle habe ich in meiner Familie übernommen? Welchen Nutzen hatte ich von dieser Rolle — und welchen Preis mußte ich dafür »bezahlen«?

Hat diese Rolle auch heute noch eine Bedeutung in meinem Verhalten — in meinen Beziehungen?

c) Wo bin ich noch unzufrieden mit mir und meiner Geschichte / Führung?
   Wo lehne ich mich innerlich auf?

Wo lehne ich mich selber ab und meine, nicht zu genügen?
Wo verachte ich mich?

d) Welche Spitznamen habe ich?

Kommen mir Worte / Sätze in den Sinn, die mich festgelegt haben?

Gebet

»Vater im Himmel, ich komme durch Jesus, meinen Heiland, zu Dir und bitte Dich herzlich um Vergebung für alle innere Auflehnung in meinem Leben gegen Menschen, Situationen und Führungen, die ich nicht verstehen und annehmen kann.

Es tut mir leid, daß ich Dich betrübt habe — dadurch, daß ich mich selber abgelehnt habe — innerlich und äußerlich.
Ich bekenne diese Ablehnung als Stolz, weil ich besser und schöner sein wollte und einem Wunschbild nachhing, dem ich nicht entspreche.

Ich trete im Namen meines Herrn, Jesus Christus, ganz bewußt heraus aus aller Selbstverachtung und Selbstablehnung, aus aller Kritik, allen negativen Gedanken über mich selber, aller

Auflehnung und Rebellion, aller Unzufriedenheit über mein Leben.
Ich breche im Namen Jesu Christi mit der Lüge, daß ich nicht genüge und ein Versager bin.

Ich vertraue Dir, Vater im Himmel, daß Du mich auf dem für mich guten und besten Weg geführt hast und führst.
Gott, Dein Weg ist heilig.
Ich danke Dir für den langen Weg, den Du mit mir gegangen bist und nehme meine Lebensgeschichte bejahend aus Deiner Hand an.

Vor Dir, Schöpfer des Lebens, sage ich bewußt ›ja‹ zu meiner Person, zu meinem Aussehen und zu meinem Wesen.
Ich danke Dir dafür, daß ich wunderbar gemacht bin; wunderbar sind Deine Werke, ich erkenne das an.

Ich genüge in Dir, Herr Jesus, und ich sage ›ja‹ zu meinen Grenzen, die mir gezogen sind, und zu meinen Gaben, die mir geschenkt sind.

Erfülle Du mich ganz tief mit Deinem Heiligen Geist, damit mein Leben immer mehr zu dem wird, was Du Dir mit mir gedacht hast: zu einem Lob DEINER Herrlichkeit!
Amen.«

Meine Beziehung zu dir (dem Nächsten)

Das einzige »**Nicht gut**« in der Schöpfungsgeschichte findet seine Auflösung in der Erschaffung von Eva: *»Es ist nicht gut, daß der Mensch alleine sei; ich will ihm eine Gehilfin machen«* (1. Mose 2, 18). Gott, der Schöpfer des Lebens, setzt auch den Menschen in Beziehung mit einem Du, einem Gegenüber.

Alles Leben findet in Beziehungen statt. Oder wir könnten sagen: Leben ist Beziehung.

Eine besondere Erfüllung der Beziehung zwischen Mann und Frau ist die Ehe, dieser lebenslange Bund der Treue und Hingabe, sich an einen Menschen zu binden, mit ihm das Leben zu teilen, füreinander zu sorgen, gemeinsam Gott zu dienen. Der Schöpfungsbericht fährt nach der Erschaffung der Frau nahtlos fort: *»Darum wird ein Mann Vater und Mutter verlassen und seinem Weibe anhangen, und sie werden sein ein Fleisch«* (1. Mose 2, 24). Mann und Frau werden in der Ehe zu einer Ganzheit zusammengefügt, einsgemacht.

Dieses Zusammenfügen geschieht nicht, als ob zwei Betonklötze zu einer Statue zusammenzementiert würden. Das Gefüge wird und wächst auf dem langen Weg der Ehegeschichte. Oft muß Gott an beiden Teilen noch viel heilen, zurechtbiegen, umgestalten, bis er sie wirklich so zusammenfügen kann, daß sie passen und beide sich als Einheit wohlfühlen.

Dieses Wort »*es ist nicht gut, daß der Mensch allein sei*« gilt aber auch den Ledigen. Darum möchten wir nicht nur die Eheleute ansprechen, sondern alle in ihren Freundschaften, in der Gemeinschaft und Zweierschaft.

Die Bibel betont durchgängig den Wert der Gemeinschaft.

Zinzendorfs berühmter Satz: »*Ich statuiere kein Christentum ohne Gemeinschaft*«, bestätigt all die vielen Stellen über Gemeinschaft in der Bibel.

Es wäre zwar manchmal viel einfacher und leichter, alles allein zu machen. Auf die Dauer ist aber die Isolation nicht gut für uns. Es fehlt dem Menschen die Korrektur, der Austausch und Trost, die Ermutigung und Hilfe. Wir brauchen einander, und Gemeinschaft ist kostbar. Nicht zuletzt, weil wir durch die Gemeinschaft auch herausgefordert werden zum persönlichen Wachsen und Reifen.

Als Hilfe zum Leben und für den Dienst wird u. a. die Zweierschaft genannt in Pred 4, 9-12 und Mk 6, 7.

Jesus selber ist seinen Jüngern als einer begegnet, der sein Leben voll investiert und gegeben hat für seine Freunde. Er hat in seinem Jüngerkreis die unterschiedlichsten Menschen von Beruf, Temperament, Herkunft, Denkweise (z. B. Zeloten und Zöllner) miteinander verbunden, in Beziehung gebracht. Er hat im Todeskampf noch Beziehungen gestiftet zwischen seiner Mutter und Johannes. Und Jesus hat uns dieses neue Gebot gegeben, das alle unsere Beziehungen bestimmen soll: Joh 13, 34 + 35: »*Ein neues Gebot gebe ich euch ...*«

Das sind Worte, die uns alle immer wieder beschämen und anklagen, weil wir an mancherlei Schwierigkeiten im Miteinanderleben erinnert werden.

Wieviel Mühe haben wir uns doch gegeben im Laufe der Kirchengeschichte, ein äußeres Kennzeichen zu haben, das unsere Zugehörigkeit zu Jesus zeigt. Ich denke da an die Tracht gewisser Gemeinschaften, an die Rocklänge der Frauenkleider, an besondere Frisuren oder besonderen Schmuck, Kreuzanhänger und Broschen bis hin zu Aufklebern.

Nur bei diesem Kennzeichen, das Jesus uns gegeben hat, da hapert es, da kommen wir ins Stottern.

Es fällt uns schwer, echte, tiefe, herzliche Beziehungen zu anderen Menschen einzugehen. In Liebe leben, Liebe nehmen und geben, das tönt schön und ist doch kaum zu praktizieren. Freundschaften beginnen und pflegen, das ist auch eine echte Lebensaufgabe. Freundschaften sind zwar ein Geschenk, aber man kann und muß auch etwas dazu tun, damit sie entstehen. Wer Freunde will, muß sich als Freund erweisen. Und das Wort freundlich leitet sich ab von Freund!

Warum fällt es uns aber oft schwer, Beziehungen einzugehen oder zu pflegen?

Gründe, die den Aufbau und die Pflege von Beziehungen hindern

a) Das Zeitproblem

Beziehungen kosten Zeit — und davon haben wir viel zu wenig. Wie sagte der Kleine Prinz zum Fuchs: *»Die Menschen haben keine Zeit mehr, irgend etwas kennenzulernen. Sie kaufen alles fertig in den Geschäften. Aber da es keine Kaufhäuser für Freunde gibt, haben die Menschen keine Freunde mehr.«*

b) Die vielen beruflichen oder seelsorgerlichen Kontakte

Man hat den ganzen Tag mit Menschen zu tun, da ist der Bedarf nach Beziehungen irgendwann gedeckt. In der Freizeit, am Abend ist man dann gern allein und genießt die Ruhe.

c) Unterschiedliche Kontaktbedürfnisse

Es gibt extravertierte Beziehungsmenschen, die ganz dem Menschen zugewandt leben, kontaktfreudig sind, die belebt werden vom Austausch. — Und es gibt introvertierte »Selbstversorger«, deren Beziehungsbedürfnis sich auf ein Minimum beschränkt. Sie sind gern für sich allein, arbeiten besser im Alleingang, haben Diskussionen nicht gern.

d) Minderwertigkeitsgefühle oder Angst vor Ablehnung

»Wer bin ich schon — die freuen sich sicher nicht, wenn ich komme.« — »Ich weiß sowieso nichts zu erzählen und bin eine langweilige Besucherin.« Ich fürchte mich davor, dem Anspruch der anderen nicht zu genügen und sie zu enttäuschen.

e) Zurückgezogenheit wegen Beziehungsverletzungen

Man zieht sich den Panzer der Unnahbarkeit und der Distanz an als Selbstschutz vor erneuten Verletzungen.

f) Liebe zur Einsamkeit aus Stolz und Überheblichkeit

Die andern sind einem »zuwenig«, deshalb läßt man sich gar nicht mit ihnen ein.

g) Kein Interesse an anderen Menschen

Man hat keine Lust, an ihren Problemen und ihrem Leben Anteil zu nehmen. So nach dem Motto: »Ich bin gerne mit einem tollen Menschen zusammen, darum bin ich so gern allein.«

Dale Carnegie schreibt in seinem Buch »Wie man Freunde gewinnt«: »Die New Yorker Telefongesellschaft stellte eine genaue Untersuchung darüber an, welches Wort in den Telefongesprächen am häufigsten vorkommt. Sie haben es sicher schon erraten: Es ist das Wörtchen ›ich‹, ›ich‹, ›ich‹. Es wurde in 500 Gesprächen 3990mal gesagt.« Und er schreibt dazu: »Die Leute sind weder an Ihnen noch an mir interessiert. Sie interessieren sich ausschließlich für sich selbst.«

Beziehungshilfen

Wir bleiben einmal bei dem einen Wort stehen: AN-NAHME.

Röm 15, 7: *»Nehmt einander an, wie Christus euch ange-nommen hat zu Gottes Lob.«*

Das ist eines der tiefsten Grundbedürfnisse jedes Menschen: die Sehnsucht nach Angenommensein.

Wer die Evangelien einmal unter dem Aspekt liest, wie Jesus den Menschen begegnet ist, der entdeckt dieses Geheimnis der Annahme in ungeteilter Liebe und Wahrheit.

All unserem Annehmen geht das Angenommensein vor-aus. Ich gebe weiter, was ich empfange. Dieser Prozeß ist nicht bei der Bekehrung abgeschlossen worden, sondern zieht sich durch unser Leben, gehört zum Wesentlichen des geistlichen Lebens. Darum lohnt es sich, darüber nachzu-denken.

Es gibt verschiedene Arten von Annahme:

1. Annahme aus Höflichkeit

Das geht gut, wenn man sich selten sieht — zum Beispiel bei einem kurzen Besuch, einer Reisegesellschaft. Das Zusammensein ist begrenzt, schwierigen Themen geht man aus dem Weg. Man bemüht sich um einen freundlichen Umgang, damit die Situation für alle angenehm bleibt. Auch wenn einem Menschen unsympathisch sind, reißt man sich zusammen.

2. Annahme zwecks Nutznießung

Ich erhoffe mir einen Vorteil aus dieser Beziehung und pflege sie mit dem Hintergedanken, den andern zu »melken«. Sei's materiell, als Informationslieferant, als Karriereleiter oder als Verbindung zu einflußreichen Menschen... Ich versuche, den andern zu gewinnen, günstig zu stimmen für mich. Aber ich bin nicht an ihm interessiert, sondern an dem, was er mir nützt.

3. Geheuchelte Annahme

Ich tue so, als ob. Innerlich lehne ich den andern ab oder er regt mich auf — nach außen hin aber lächle ich ihn an. Kommt oft vor bei unsicheren Menschen, die Angst davor haben anzuecken oder andern weh zu tun. Sie werden dann zu sogenannten »pleasern«, die überall freundlich nicken und allen entsprechen möchten, um ja keinen Anstoß zu erregen.

4. Annahme aus Pflicht

Man arbeitet zusammen in einem christlichen Werk oder ist verheiratet, und die Liebe ist erstorben. Trennen oder Scheiden geht nicht gut in einem christlichen Werk. So bleibt die harte Pflicht, miteinander zu leben, Arrangements zu treffen, durch die man möglichst wenige gemeinsame Berührungspunkte hat, jeder seinen eigenen Weg finden kann innerhalb des Miteinanders. Hier hat Annahme nichts mehr mit Gefühlen zu tun. Es ist zur Verstandes- und Willenssache geworden. Ich will/muß dich annehmen, weil ich mit dir zusammenlebe.

Das klingt jetzt sehr hart, schwer und kalt und ist es oft auch. In der Praxis des Lebens gehört diese Annahme aber ganz normal dazu. Wir sind nicht immer in der Lage, mit Gefühlen der Liebe und Zuneigung einen andern Menschen anzunehmen.

Schwierig ist es, wenn es zum Krampf wird, zur überfordernden Leistung — aber Kampf ist dies allemal und ein immer neuer. Diese Annahme kennt etwas vom Ringen ums Ja zum andern, vom Gebet auf den Knien und von Tränen über sich selbst und den andern.

Bevor wir zur echten Annahme, die aus Liebe und Wahrheit besteht, kommen, wollen wir die Annahme-Spirale miteinander anschauen. Sie zeigt die Annahmegeschichte, den Prozeß auf.

Annahme-Spirale:

Annahme:

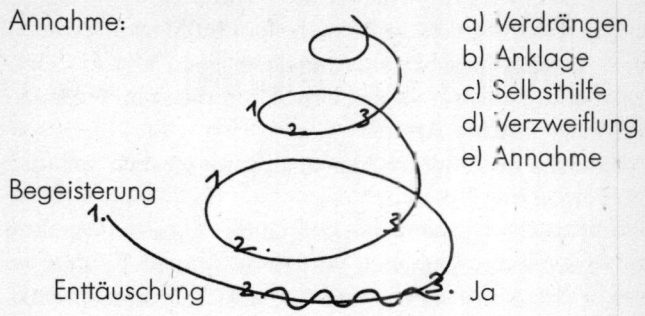

a) Verdrängen
b) Anklage
c) Selbsthilfe
d) Verzweiflung
e) Annahme

Begeisterung

Enttäuschung

Ja

Am Anfang steht die Anziehung, Verliebtheit, Begeisterung über den andern. Man entdeckt an ihm Seiten, die man selber nicht hat, man wird belebt, geliebt, herausgefordert zum Leben durch die Gegenwart des andern.

Wenn man zusammen im Alltag lebt und arbeitet, folgt die Phase der Enttäuschung / Ernüchterung. Der andere ist so unverständlich anders. Was mich angezogen hat, stößt mich ab, nervt mich, entpuppt sich als Schwäche. Wir verstehen uns nicht mehr. Die Gefühle sinken auf Null. Man möchte an diesem Punkt am liebsten die Beziehung abbrechen und davonlaufen.

Zum Glück geht das nicht so ohne weiteres, denn in dieser Phase geschehen wesentliche Dinge in uns! Der Heilige Geist braucht diese Zeiten ganz besonders, um in uns Sein Werk zu tun. Es ist die »Schmelztiegelzeit«, wo das Silber geläutert wird. In dieser Zerbruchphase kommen die Eigenentwürfe des Lebens auf die Prüfbank, der Lebenswunschfilm wird belichtet und offenbart. Wir hatten uns vieles anders vorgestellt. Der andere sollte »in unser Konzept«, in unseren Lebensentwurf hineinpassen, uns ergänzen, bereichern, verschönern, helfen, auffangen, ermutigen — wie eine gute Erweiterung des eigenen Ichs. Ich ahne und merke ja mein Halbsein, Unvollkommensein als Mann/Frau durch meine Art.

Ich suche den anderen, der mich ganz machen soll und mich ergänzt.

Aber der andere wird nie vollständig all meine Mankos und Unvollkommenheiten auffüllen können! Er darf es auch nicht. Sonst käme mein eigener Wachstumsprozeß zum Stillstand, und ich würde mich nicht mehr ausstrecken nach Gott! Teilweise wird der Partner mich gut ergänzen — und ich ihn! Zum Glück! Aber es bleiben offene Stellen!

Dr. Hans Bürki hat in einem Vortrag über Spannungen gesagt: »*Ungefähr in einem Drittel stimmen wir von selbst überein, und dieses Drittel war ja auch der Grund, warum wir uns zueinander hingezogen fühlten oder warum wir eine Aufgabe übernommen haben, in ein Werk eingetreten sind. Ein Drittel reicht dafür schon, auch wenn wir glaubten, es sei das Ganze, das sich dann mit der Zeit etwas verringert hat. Das zweite Drittel können wir hinzulernen: durch Spannungen austragen zu Übereinstimmungen gelangen. Dieses Drittel ist also lernbar, kann wachsen.*

Bleibt ein letztes Drittel. Das ist vermeintlich nicht verstehbar, nicht akzeptierbar. Dieses Drittel ruft nach dem Annehmen, nach Vertrauen geben und Vertrauen üben!«

Gerade als Christen erwarten wir ja sehr viel voneinander! Wir tragen in uns ein christliches Ideal, das wir selber verwirklichen möchten, und dem auch der andere entsprechen sollte: Geistlich geprägte Charakterzüge und Eigenschaften, die sich im Miteinanderleben auswirken sollten.

Die Erwartungshaltung kann zum Erwartungsdruck werden, der zusammenstaucht und die Entfaltungsmöglichkeiten verhindert. Ob mit oder ohne Worte, man spürt die Erwartung, die an einen gerichtet ist, man spürt die stillen Vorwürfe und Anklagen des andern und lebt mit dem Eindruck, nicht zu genügen. Man fühlt sich verpflichtet, anders zu sein, als man ist. So versteckt man sich hinter einer Maske und fürchtet sich davor, entdeckt zu werden. Sonst wäre der andere ja enttäuscht über mich, würde mich nicht mehr lieben, und ich würde ihm wehtun. So lebt man mit dauernden Schuldgefühlen, weil man nicht das ist, was man sein sollte.

Dieser Druck liegt auf vielen gläubigen Menschen wie ein Mehltau. Er raubt ihnen den Glanz und die Freude am Leben. Sie werden zu Knechten und verlieren die Würde ihrer Einmaligkeit und ihre Schönheit.

Mit der Erwartungshaltung treten wir einander als Fordernde gegenüber. Wir beurteilen und richten einander nach unserem Maßstab und Wunschbild.

Dietrich Bonhoeffer schreibt in »Gemeinsames Leben« (Seite 18):
»Erst die Gemeinschaft, die in die große Enttäuschung hineingerät mit all ihren unerfreulichen und bösen Erscheinungen, fängt an zu sein, was sie vor Gott sein soll, fängt an, die ihr gegebene Verheißung im Glauben zu ergreifen. Je bälder die Stunde dieser Enttäuschung über den einzelnen und über die Gemeinschaft kommt, desto besser für beide. Eine

Gemeinschaft aber, die eine solche Enttäuschung nicht ertra-
gen und nicht überleben würde, die also an dem Wunschbild
festhält, wenn es ihr zerschlagen werden soll, verliert zur
selben Stunde die Verheißung christlicher Gemeinschaft auf
Bestand, sie muß früher oder später zerbrechen. Jedes mensch-
liche Wunschbild, das in die christliche Gemeinschaft mit
eingebracht wird, hindert die echte Gemeinschaft und muß
zerbrochen werden, damit die echte Gemeinschaft leben
kann.«

Der Zerbruch der eigenen Vorstellungen und Wunschbilder ist der Weg des Weizenkorns in Joh 12, 24: »*Wenn das*
Weizenkorn nicht in die Erde fällt und erstirbt, bleibt es allein;
wenn es aber erstirbt, so bringt es viel Frucht.«

All die hohen, idealen Träume in uns müssen sterben,
damit wir echt frei werden füreinander.

**Der Zerbruch, der Weg des Weizenkorns geschieht in
Wellen:**

a) Verdrängen

»Es darf doch nicht wahr sein, daß ... «
Man spürt, daß etwas nicht mehr stimmt und möchte es
lieber nicht wahrnehmen. Man möchte die Spannungen
zudecken, beiseite schieben. Man strengt sich an, gibt sich
Mühe, daß es besser wird.

b) Anklage

»Du bist schuld!«

Man sieht wie durch eine Lupe die Andersartigkeit, die Fehler und Untugenden des andern und leidet sehr. Man nimmt es ihm übel, daß er so ist, lebt im Vorwurf, entwickelt eine Allergie gegen gewisse Eigenarten bis hin zum Haß.

c) Selbsthilfeversuche

»Wenn du dich verändern würdest, ginge es uns doch gut!«

Man probiert gegenseitige Umerziehungskonzepte aus, liest Bücher über Psychologie und Seelsorge, denkt an diesen oder jenen guten Seelsorger oder Kurs für sich und den andern. Man bleibt aktiv dran, um die Sache in den Griff zu bekommen.

d) Verzweiflung

»Es nützt ja doch alles nichts!«

Man erlebt die ganze Unfähigkeit, sich selbst zu helfen, sich an den eigenen Haaren aus dem Sumpf zu ziehen. Und irgendwann kommt die Kapitulation, wo alles Beschönigen und Rechtfertigen und Erklären aufhört und ich es zugeben kann: ja, der/die bin ich. Man blickt der Wahrheit über sich selbst, den Partner, die Beziehung ins Auge und ist in der Tiefe erschüttert.

e) Annahme:

»Ja, ich akzeptiere die Wahrheit!«

Es ist ein Unterschied, ob ich etwas hinnehme oder annehme. Akzeptieren heißt: mich nicht mehr gegen die Wahrheit wehren, ich stelle mich dazu.

Wo ich schuldig geworden bin, versagt habe, stehe ich zur Schuld. Ich erkenne an, daß allein die Vergebung, das Hinwegtragen der Schuld durch das Lamm Gottes Hilfe ist. Ich sage nicht mehr »sorry« und »o.k.« und »in Ordnung« und gehe über die Ungereimtheiten hinweg. Es wird mir in der Tiefe bewußt, daß ich einen Heiland und Heiler brauche, um heil zu werden, der durch das Sterben, durch das Ende des Menschenmöglichen geschritten ist und Auferstehung, neues Leben gebracht hat. An dieser Stelle wird die Barmherzigkeit Gottes zum existentiellen Erleben: Ich erfahre in meiner ganzen Not die Liebe und Barmherzigkeit des heiligen Gottes, der mich/uns annimmt, obwohl wir so sind, wie wir sind.

Und hier geschieht der Durchbruch! Die harte Schale des Weizenkorns ist durch all die Prozesse weichgemacht worden. Ein neuer Trieb stößt durch und wächst dem Licht entgegen: noch zart und klein, verletzlich und leicht zu zertreten. Aber er ist da, und es wächst etwas Neues!

Dieses Wunder erlebt man nach durchgestandenen Zerbruchprozessen, daß etwas Neues wächst in der Beziehung, das schöner, reifer und tiefer ist als vorher. Die Liebe kann fließen.

Dieses keimende Ja ruft auch wieder Empfindungen wach: Gefühle der Dankbarkeit und der Freude über den Partner, liebe Worte, die den Weg wieder finden zum Herzen des andern.

Das weichgewordene Herz gibt dem Leben und Wachsen Raum.

Wie schön wäre es, wenn wir in diesem Zustand bleiben könnten! Aber das Leben ist nicht statisch, sondern dynamisch. Immer wieder neu kommen harte Herzensstellen zum Vorschein, geschieht Enttäuschung, Verbitterung, Zumachen, Zerbruch.

Aber: Es ist nicht ein Kreislauf, sondern mit einer Spirale vergleichbar, die nach oben führt. Die Abstände werden kürzer, wir erkennen besser und früher, was abläuft; die Beziehung festigt sich durch die erlebten Erfahrungen.

Wenn wir diese Prozesse zulassen, wird unser Herz aufgebrochen, umgepflügt und weichgemacht. Wir werden zu Menschen der Liebe, weil wir die Liebe selber erfahren haben, wir können annehmen, weil wir angenommen sind, wir bergen als Geborgene.

Könnte dies nicht die Frucht sein, von der Jesus hier spricht? *»Wenn es aber erstirbt, bringt es viel Frucht.«* Statt Frucht könnten wir auch das Wort Reifung einsetzen. Durchs Reifen entsteht Frucht.

Das führt uns zur Annahme, so wie Jesus sie uns vorgelebt hat: in Liebe und Wahrheit.

»Dieser nimmt die Sünder an«, beklagten die Pharisäer. Ja, sogar einen Judas nahm er an, obwohl er ihn durchschaute und erkannte.

Es fällt uns schwer, uns gegenseitig anzunehmen als begnadigte Sünder. Wir sind immer wieder im Entweder/ Oder gefangen: Entweder ich sage dir die Wahrheit, oder ich bin lieb mit dir. Annahme hier heißt aber beides: Ich erkenne dich mit deinen schönen und schlechten Seiten, mit Gaben und Grenzen und sage ja zu dir. Ich bin für dich. Ich stelle mich zu dir, auf deine Seite und will dir helfen, daß du das werden kannst, was Gott mit dir gemeint hat. Du mußt nicht meinem Bild von dir entsprechen, nicht in mein Konzept passen. Ich will behutsam hinhören, wer du bist und welche Berufung über deinem Leben liegt. Weil ich dich liebhabe und dein Leben achten und fördern will, werde ich es dir ehrlich und offen sagen, wenn ich Dinge sehe, die nicht gut sind. Ich werde mich nicht zurückziehen und abwenden, wenn du Fehler machst oder eine Unstimmigkeit zwischen uns ist, weil ich an die gestiftete Gemeinschaft/ Bruderschaft glaube, die Jesus Christus in uns gelegt hat. Ich sehe in dir nicht nur dich, mit deinen Stärken und Schwächen. Ich sehe in dir Christus, meinen Herrn. Ich sehe in dir das Werk Gottes, das der Herr selber vollenden wird. Ich erkenne deine Würde der Gotteskindschaft. Ich glaube daran, daß du ein Tempel des Heiligen Geistes bist, ein Heiliger und Geliebter.

So will ich dich annehmen und mit dir zusammen leben, dich achten und ehren. So verstandene Annahme ist Hingabe, der Weg in den Fußstapfen Jesu.

Ordnungen schaffen Freiheit!

Bei dem Wort »Ordnungen« kommen uns sofort bestimmte Assoziationen, z. B. Sauberkeit — Putzen — Aufräumen — Gehorsam — Drill — Rüge — Unordnung. Für die, die von ihrer Art her Ordnungstypen sind, ist dieses Wort positiv, erstrebenswert und eine Lebenshilfe.

Wer aber eher auf der chaotischen Seite angesiedelt ist und viele Auseinandersetzungen in der frühen Jugend im Elternhaus oder auch später mit dem Ehepartner erlebt hat, bekommt es vielleicht mit der Angst zu tun.

Kommen da nicht lauter Verbote und Ermahnungen: Du darfst nicht! — Du solltest...! — Du müßtest...! — Reiß dich zusammen...!

Darauf reagieren wir sauer.

Aber Ordnungen sind Lebenshilfen! Denken Sie nur an den Straßenverkehr. Welch ein Chaos würde entstehen ohne Straßenverkehrsordnung!

Gott, der Schöpfer von Mann und Frau, hat auch Anordnungen, Spielregeln zum Miteinander gegeben, damit die Ehe gelingen kann. Diese Ordnungen sind nicht Verbotstafeln oder Einschränkungen, sondern Wegweiser zum Ziel. Damit man sich unterwegs nicht verirrt oder abstürzt!

Wir wollen drei Bereiche anschauen, die uns die göttlichen Ordnungen für die Ehe aufzeigen. Wir wollen dazu ein Bild einführen, das bekannt und anschaulich ist: das Bild vom Haus!

1. **Gottes Zuordnung von Mann und Frau**
2. **Gottes Anordnung für die Ehe**
3. **Unterordnung als geistliches Prinzip**

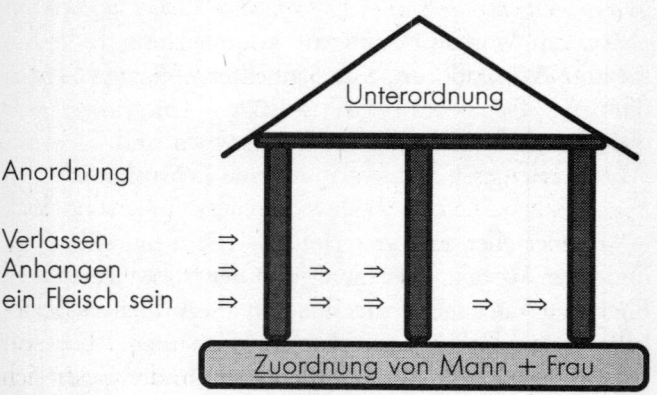

1. Gottes Zuordnung von Mann und Frau

Im Mann- und Frausein des Menschen liegt ein Geheimnis verborgen, das nur verstanden werden kann im Zusammenhang mit der Gottebenbildlichkeit des Menschen. Darum lesen wir in der Schöpfungsgeschichte:

»Gott sprach: Lasset uns Menschen machen, ein Bild, das uns gleich sei, die da herrschen über die Fische im Meer und über die Vögel unter dem Himmel und über das Vieh und über alle Tiere des Feldes und über alles Gewürm, das auf Erden kriecht.

*Und Gott schuf den Menschen zu seinem Bilde, zum Bilde
Gottes schuf er ihn und schuf sie als Mann und Weib; [männ-
lich und weiblich].*

*Und Gott segnete sie und sprach zu ihnen: Seid fruchtbar
und mehret euch und füllet die Erde und machet sie euch untertan. [...]*

*Und Gott sah an alles, was er gemacht hatte, und siehe, es
war sehr gut.«* (1. Mose 1, 26-28+31)

Der dreieinige Gott lebt in sich als Gemeinschaft von
Vater, Sohn und Heiliger Geist, in völliger Einheit und doch
verschieden im Auftrag.

Gott, der selber in Beziehung lebt, schuf den Menschen,
der ihm gleich sein, sein Ebenbild sein soll, auch als Beziehungswesen. Er soll in Beziehung mit ihm leben. Aber Gott
realisiert die Einsamkeit des Menschen, in der dieser sich
befindet. Und er sagt über diesen ersten Menschen:

*«Es ist nicht gut, daß der Mensch allein sei, ich will ihm eine
Gehilfin [eine Entsprechung] machen, die um ihn sei.»*

Fortan lebt der Mensch als Mann und als Frau. Sie sind
einander zugeordnet, aufeinander angewiesen, einander als
Geschenk gegeben. Der Schöpfer formte eine Ergänzung
für den Menschen, um die emotionalen und körperlichen
Bedürfnisse zu stillen. Als Mann und Frau spiegeln sie
Gottes Ebenbildlichkeit wider. Darin besteht ihre Aufgabe.
Ihr Einssein ist nur daraus zu erklären und möglich. Nur in
der gegenseitigen Ergänzung verwirklichen sie den beziehungsmäßigen Aspekt der Ebenbildlichkeit Gottes.

Zuordnung als Ausdruck der Gleichwertigkeit

Wir leben heute in einer Gesellschaft, in der starke Strömungen in Richtung Gleichmacherei festzustellen sind. Die wesentlichen und wesensmäßigen Unterschiede von Mann und Frau werden nivelliert und als Rollenverhalten bezeichnet. Die Grundaussagen der Bibel im Schöpfungsbericht bestätigen nicht die Gleichheit von Mann und Frau, sondern die Gleichwertigkeit. Der Gedanke der Unterordnung taucht erst nach dem Sündenfall auf.

Selbst im christlichen Raum begegnen wir oft einem Durcheinander der Argumentation. Mit dazu beigetragen hat die »Reihenfolge der Schöpfung« — zuerst der Mann, dann die Frau. Dabei ist zunächst immer nur vom »Menschen« die Rede (1. Mose 1, 27/2, 15+16+18+21-23).

Der Mensch ist von Gott geschaffen — männlich und weiblich. Im von Gott geschaffenen Menschen ist die duale Sexualität von »männlich und weiblich« angelegt.

In einem 2. Schritt wird dies weitgehend auseinandergenommen, und Gott schafft dem Menschen ein Gegenüber. Erst hier ist dann die Rede vom »Weib« (2, 22) und vom »Mann« (2, 23). Und Gott ordnet die beiden einander zu — nicht im Sinne einer wertmäßigen Abstufung und Unterordnung, sondern im Sinne einer gegenseitigen Zuordnung.

Übrigens: der ursprüngliche Name »Mensch« (hebr. »adama«) heißt: Staub, Erde — der aus Erde Geformte. Es war also zunächst nicht der Eigenname des Mannes. Dazu kommt es erst nach der Schöpfung der Frau. Den Eigennamen der Frau — »Eva« (Mutter der Lebenden) — gibt der Mann seiner Frau!

Zum andern: Eine wertmäßige Abstufung von Mann und Frau kam wohl auch dadurch in unser Denken, daß die Aussage in 1. Mose 2, 18 falsch gewichtet wurde. Dort steht: *»Und Gott der Herr sprach: Es ist nicht gut, daß der Mensch allein sei, ich will ihm eine Gehilfin machen, die um ihn sei.«*

Luther übersetzt »Gehilfin«. Das ließ das Bild aufkommen von der Dienerin, der Sklavin, die die minderwertige, weniger angenehme Arbeit verrichten muß. Der Mann hat nun eine »Bedienstete«!

Aber genau das ist nicht gemeint. Die bessere Übersetzung wäre: Hilfe — Gegenüber — Entsprechung.

Wer eine Hilfe braucht, ist doch ohne diese hilflos! Aber auch diese für den Mann nicht schmeichelhafte Aussage entspricht nicht dem, was Gott damit gemeint hat.

Das hebräische Wort, das hier steht, lautet: »ezer«. Es ist das Wort für die göttliche Hilfe.

Die wohl bekannteste Aussage der Bibel mit diesem Wort steht in 1. Sam 7, 12: *»Da nahm Samuel einen Stein und stellte ihn auf zwischen Mizpa und Schen und nannte ihn ›Eben-Eser‹ (Stein der Hilfe) und sprach: Bis hierher hat uns der Herr geholfen.«*

Der Mann und die Frau sind in ihrer Unterschiedlichkeit ergänzungsbedürftig und ergänzungsfähig!

In der russisch-orthodoxen Tradition und Auslegung wird das Wort »Hilfe/Gehilfin« wiedergegeben mit den Worten: »eine Anregerin, die ihn inspirieren soll«. Ich finde dies eine sehr schöne Formulierung und Umschreibung, die eine gegenseitige Aufgabe darstellt. Mann und Frau dürfen und sollen sich gegenseitig anregen und inspirieren, damit es zur vollen Entfaltung dessen kommen darf, was Gott sich gedacht hat mit der Zuordnung von Mann und Frau!

Es liegt eine ungemeine Tragik darin, daß die göttliche Absicht durch den Sündenfall gestört und zerstört wurde, — daß Mann und Frau sich oftmals nicht »anregen«, sondern »aufregen«. Sie ergänzen sich nicht, sondern sie bekämpfen sich. Konkurrenzkampf der Geschlechter!

Ergänzung durch Unterschiedlichkeit

Bei der Erschaffung der Frau vollzieht Gott sozusagen eine symbolische Handlung. Er nimmt etwas vom Mann (eine Rippe) und schafft daraus die Frau. Die Rippe gehört ja zum Knochengerüst des Menschen und stellt das Feste, Stabile des Körpers dar. Ohne Knochen würde der Mensch in sich zusammenfallen.

Die Knochen, das Feste, Stabile, vielleicht auch Harte, stellen symbolisch das Typische des Mannes dar.

Die Lücke, die durch die Entnahme der Rippe entstanden ist, füllt Gott mit Fleisch. Fleisch ist ein Symbol für das Weiche, Zarte, Lebendige des Menschen und entspricht mehr dem Typischen der Frau.

So hat der Mann Anteile vom Wesen der Frau, und die Frau hat Anteile vom Wesen des Mannes.

Der Mann erkennt die Neuschöpfung Gottes als etwas Wesensgleiches: *»Das ist doch Bein von meinem Bein und Fleisch von meinem Fleisch; man wird sie Männin nennen...«* (1. Mose 2,23).

Mann und Frau sind von Gott einander zugeordnet, weil sie sich in ihrem Menschsein wesensgleich sind — und sie sind von Gott her einander zugeordnet, weil sie durch ihr Mann- und Frausein unterschiedlich sind und sich deshalb ergänzen müssen!

Die Unterschiedlichkeit von Mann und Frau ist von der Schöpfungsordnung her betrachtet ausschließlich positiv zu sehen. Es ist Erweiterung und Bereicherung, es ist Ergänzung im Sinne von größerer Vollkommenheit.

Erst durch den Sündenfall sind die negativen Aspekte der Konkurrenz und Rivalität hinzugekommen. Seither erleben wir die Verschiedenartigkeit als Bedrohung, die Andersartigkeit als Angst auslösend.

Gott aber möchte, daß wir die Verschiedenartigkeit und Andersartigkeit von Mann und Frau als hilfreiche Ergänzung betrachten und erleben.

Die folgende Gegenüberstellung will etwas aufzeigen von der Unterschiedlichkeit von Mann und Frau.

Es handelt sich dabei um Durchschnittsunterschiede, die im persönlichen Einzelfall auch anders liegen können.

Typische Unterschiede von Mann und Frau

Mann	Frau
lebt in »Welt der Dinge« (Ich-Es-Beziehung)	lebt in »Welt der Personen« (Ich-Du-Beziehung)
bietet Rahmen, Gerüst/ baut Haus	Innenausbau: ausfüllen — beleben
Kopf / Distanz	Herz / Hingabe
mutig, agressiv, kühn	unsicher, zurückhaltend, ängstlich
eher ungeduldig in kleinen Sachen	interessiert an Details
Selbstbedauern	ausdauernd in Schmerzen
konsequent (Prinzipien)	nachgiebig, weich
selbstorientiert	schaut mehr auf andere
logisch, klare Vorstellungen	instinktiv, intuitiv, emotional
den Dingen zugewandt	dem Leben zugewandt
objektiv	subjektiv
mathematische Begabung	verbale Begabung

2. Gottes Anordnung für die Ehe

Damit Mann und Frau ihr Leben nun gemeinsam führen können, brauchen sie einen gestaltbaren, sichtbaren Rahmen für ihr Miteinander.

Gott ordnet ihn an in 1. Mose 2,24, und Jesus bestätigt und wiederholt ihn in Mt 19,5+6: *»Darum wird ein Mann seinen Vater und seine Mutter verlassen und seinem Weibe anhangen, und sie werden sein ein Fleisch.«*

In dieser Grundordnung sehen wir drei Säulen für das Haus der Ehe:

a) Verlassen

Natürlich müssen beide, Mann und Frau, ihre Familie, in die sie hineingeboren wurden, verlassen! Interessant ist aber, daß hier nur vom Mann die Rede ist. Es war damals so, daß die Frau aus ihrem Elternhaus wegzog und in die Familie des Mannes einheiratete! Es geht also nicht nur um das äußere Loslassen, es geht auch um das innere Verlassen des Alten.

Äußerlich ist es uns klar, obwohl auch dies oft nicht beachtet wird: Ein Paar kann nicht zusammenwachsen, wenn die Eltern, die Geschwister ständig hineinfunken und das alte Bezugssystem weitergelebt wird. Einige Kilometer Entfernung tun gut, damit das Paar sich finden und auf eigenen Beinen gehen lernen kann. Es ist nötig, daß man das »Standbein« daheim in der Familie aufgibt und wirklich auszieht.

Aber noch viel stärker sind oft die »inneren Nabelschnüre«. Die werden eben oft nicht so deutlich erkannt, und an denen hängen wir auch, sie geben unserem Leben Halt und Sinn.

Es gibt eine innere, seelische Abhängigkeit, die es den Kindern unmöglich macht, sich zu lösen. Das können ganz besonders tiefe, innige Verbindungen sein, notvolle Erlebnisse, die man gemeinsam bewältigen mußte und die zusammengeschmiedet haben.

Manchmal können sich Kinder aber auch nicht lösen, weil sie spüren, daß die Eltern allein nicht lebensfähig sind, eine schlechte Ehe führen. Oder die Kinder haben innerlich die Verantwortung übernommen für ihre vom Vater geplagte Mutter oder für den geschiedenen Vater, der so allein ist, oder für die kranke Mutter etc.

Wer sich innerlich nicht lösen kann, bringt eine schwere Hypothek mit in die Ehe. Er ist nicht frei, um sich an den Partner zu binden.

Eltern tun den Kindern den allerbesten Dienst, wenn sie ihre eigene Ehe pflegen und Verantwortung für ihr eigenes Leben übernehmen. Dann können sich die Kinder lösen und ausziehen. Wir müssen uns da nichts vormachen: Das Loslassen und Verlassen ist auch für die Kinder ein schwerer Prozeß. Ich habe bei Trauungen oft auch die Eltern gebeten, ein JA zum Loslassen auszusprechen vor der versammelten Gemeinde.

Wenn Sie jetzt als Eltern merken, daß Sie Ihre Kinder nie richtig freigegeben haben, dann sprechen Sie das doch jetzt noch vor Gott aus:

»Ich danke dir, Herr Jesus Christus, für meine Kinder. Ich bitte dich um Vergebung, daß ich meine Kinder an mich gebunden habe. Ich will sie freigeben in dei-

nem Namen. Ich gestatte es dir, ... *(Name des Kindes einsetzen)* daß du mich verläßt und ganz zu deiner Frau/ deinem Mann gehörst. Weil ich dich liebhabe und dein Bestes will, gebe ich dich frei in dein Leben hinein. Ich stelle dich unter Gottes Segen und Schutz!«

Wenn Sie heute als Sohn oder Tochter merken, daß Sie die Eltern nicht richtig verlassen konnten, sprechen Sie:

»Ich danke dir, Herr Jesus, für meine Eltern. Ich bitte dich um Vergebung, daß ich mich nicht von ihnen lösen konnte, und ich will sie nun ganz dir anvertrauen, ich will sie achten und ehren. Aber ich will die Bindung an meinen Vater und meine Mutter lösen, die innere Nabelschnur durchtrennen. Ich gehöre zu meiner Frau/meinem Mann und will mich an dieser Stelle neu binden und festmachen vor dir.«

Aus der Freiheit heraus kann eine neue, veränderte Beziehung zwischen Eltern und Kindern entstehen, die von Achtung, von Liebe und Vergebung und Annahme geprägt ist.

Verlassen meint aber auch für ein Paar, das heiratet: bereit sein, aus den alten, gewohnten Lebensmustern auszusteigen, bereit sein, sich aufeinander einzulassen, einen gemeinsamen, neuen Lebensstil zu entwickeln. Da gibt es Vieles neu zu überdenken: Freizeit − Beziehungen − Gemeindeaktivitäten − Angewohnheiten − Lohn- und Zeiteinteilung etc.

Wir leben nicht als verheiratete Junggesellen zusammen, sondern als Ehepaar!

Verlassen meint auch den rechtlich-öffentlichen Aspekt einer Ehe. Ehe ist nicht einfach eine Privatsache zwischen zwei Menschen, die sich lieben. Die Ehe ist auch der Ordnung und dem Schutz des Staates unterstellt. D. h. bei uns: aufs Standesamt gehen und einen rechtlich gültigen Ehebund eingehen.

Walter Trobisch hat dazu geschrieben: »*Wenn diese Stütze des Verlassens, des öffentlich-rechtlichen Ehelebens fehlt, ist es eine gestohlene Ehe.*«

Wir gehen normalerweise diesen Bund nicht nur vor dem Standesamt ein, sondern bezeugen es in der Kirche vor Gott: Unser Bund wird vor dir, dem lebendigen Gott, und mit dir geschlossen, denn du, Gott, bist der Stifter und Erhalter der Ehe.

Wir sagen ja vor Gott, daß wir einander als Lehen annehmen, einander durchs Leben begleiten und am Ende des Lebens dieses von Gott geliehene Geschenk wieder zurückgeben.

b) Anhangen

Hier schlägt das Herz der Ehe! Das Wort »anhangen« heißt im Griechischen: »kollasthai« (ankleben). Wir kennen es besser vom Französischen her: »coller« = kleben.

Das ist nicht als Symbiose zu verstehen: Auf Schritt und Tritt soll mir der andere nahe sein, einander umklammern und aufeinander fixiert sein. Es ist der lebenslange Prozeß des Annehmens, Zusammengehörens, der Treue gemeint. Die Verläßlichkeit der Liebe, das innere Ja zum langen Weg des Miteinanders.

In Sprüche 31, 11 heißt es: *»Ihres Mannes Herz darf sich auf sie verlassen«* — und umgekehrt.

Anhangen heißt auch: sich öffnen füreinander, Anteil nehmen und geben am Ergehen, sich interessieren für den anderen, gemeinsame Gespräche.

Wenn die Kommunikation stirbt, hört auch das Anhangen auf. Dann zieht sich jedes in seine innere Welt zurück.

Wenn wir das Wagnis des Anhangens eingehen, merken wir etwas vom Reichtum der Ehe. Denn hier wagen wir ja, einander Gefühle zu zeigen, begegnen wir uns echt und wahr. Die Liebe, die aus dem Anhangen wächst, ermöglicht es, daß wir uns einander preisgeben, nackt sein können voreinander. Damit ist nicht nur äußere Nacktheit gemeint, auch das innere sich schutzlos dem andern zeigen, wie man ist. Das ist eine der tiefsten Erfahrungen in einer Ehebeziehung: Erkanntsein — auch mit den Fehlern und Schwächen — und dennoch angenommen und geliebt sein.

Versuchen Sie durch eine Gebärde, miteinander das Wort »Anhangen« darzustellen und darüber zu reden. Was drückt das Bild des »Anhangens« für Sie aus?

In der Bewegung des Anhangens ist Zuwendung. Man ist miteinander in Kontakt, in Berührung. Anhangen ist eine bewußte Entscheidung: Ich will dir zugewandt leben!

Wenn die zweite Stütze fehlt, entsteht eine »leere Ehe«. Das Miteinander ist unausgefüllt, hohl und wird mit der Zeit langweilig, öde und glanzlos.

c) Ein Fleisch werden

Es ist ein denkwürdiger Begriff: Zwei Menschen werden zu einem Fleisch. D. h. aus Mann und Frau soll eine »Eheperson« entstehen. Sie werden nicht verschmelzen ineinander, so daß eins im andern aufgeht. Aber sie werden zu einer Einheit zusammenwachsen, miteinander etwas Neues werden.

Wir verstehen unter dem Begriff »ein Fleisch werden« vor allem die Sexualität, die geschlechtliche Vereinigung. Gottes **»sehr gut«** liegt auf der Gabe der Sexualität. Sie gehört in die Ehe. Über diesen körperlichen Bereich hinaus umfaßt der Begriff aber auch den seelisch-geistigen Bereich.

Das Wort »Fleisch« wurde im Alten Testament für »Leben« oder »alle Menschen« gebraucht. Ich bekomme Anteil am Leben meines Partners, an allem, was ihn/sie ausmacht, und ich gebe Anteil an allem.

Wir beeinflussen uns gegenseitig, wachsen aneinander. Mit einem andern Partner hätten wir uns anders entwickelt, wären wir anders geworden. Was wir vor Gott sind, kommt auch dem Partner zugute. Denken wir nur an das Wort: *»Der ungläubige Mann ist geheiligt durch die Frau, und die ungläubige Frau ist geheiligt durch den gläubigen Mann«* (1. Kor 7, 14). So, wie wir einander zum Segen werden können, besteht auch die andere Möglichkeit: daß wir einander schaden, zum Fluch werden!

Dieses »Ein-Fleisch-Prinzip« gilt auch bei Ehebruch. *»Wißt ihr nicht: wer sich an die Hure hängt, der ist ein Leib mit ihr?«* sagt Paulus in 1. Kor 6, 16.

Wenn die 3. Stütze des »Ein-Fleisch-werdens« fehlt, wird es eine »hungrige Ehe«.

3. Unterordnung als geistliches Prinzip

Die Frage der Unterordnung hat zu allen Zeiten in der Beziehung von Mann und Frau erhebliche Spannungen und Mißverständnisse hervorgerufen.

Ist Unterordnung etwas Gutes oder etwas Schlechtes?
Ist sie von Gott gewollt oder nicht?
War sie von allem Anfang an vorgesehen?

Um etwas Struktur in diese Fragen zu bringen, halten wir dazu fest:
Es gibt
- eine Schöpfungsordnung
- eine Notordnung durch die Sünde
- eine Erlösungsordnung

a) Die Schöpfungsordnung

In 1. Mose 1+2 lesen wir vom Schöpfungsakt Gottes. Es begegnet uns darin der dreieinige Gott.
»Am Anfang schuf Gott...« (1,1)
»...der Geist Gottes schwebte auf dem Wasser« (1,2)
»Und Gott sprach: Es werde...« (1,3). Hier ist der erste Hinweis auf Christus, das Wort, der Logos. Joh 1,1: *»Im Anfang war das Wort, und das Wort war bei Gott, und Gott war das Wort.«*
In der Schöpfung ist also der dreieinige Gott am Werk. Die Dreieinigkeit lebt in Beziehung zueinander.
Aus dem Neuen Testament erfahren wir, daß der Heilige Geist den Sohn verherrlicht: *»Er wird mich verherrlichen...«* (Joh 16,14), und daß der Sohn dem Vater untertan ist: *»der*

Sohn kann nichts von sich aus tun, sondern nur, was er den Vater tun sieht« (Joh 5,19).

Zuordnung und Unterordnung sind von Anfang an ein göttliches Prinzip!

Als Gott den Menschen schuf, sagte er: »*Lasset uns Menschen machen, ein Bild, das uns gleich sei, die da herrschen über die Fische im Meer...*« (1. Mose 1, 26).

Als Abglanz Gottes, als sein Ebenbild, sind wir dem gleichen Prinzip unterstellt, wie es der dreieinige Gott lebt: der Unterordnung in Zuordnung!

Der göttliche Auftrag an den Menschen lautet: »*...machet euch die Erde untertan und herrschet...*« (1. Mose 1, 28). Der Mensch soll in göttlicher Autorität und in Verantwortung über die Schöpfung herrschen. Sie ist ihm von Gott untergeordnet!

Der Mensch soll es als Mann und Frau gemeinsam tun. Von einer Unterordnung der Frau unter den Mann ist vor dem Sündenfall nichts zu lesen.

Die Unterordnung als Schöpfungsordnung ist ausschließlich eine Hierarchie der Liebe, des Wohlwollens, des Dienens. Jeder Aspekt der Macht, der Unterdrückung, des Gewaltausübens fehlt hier.

Die Zuordnung von Mann und Frau in ihrer Verschiedenartigkeit ist darum letztlich eine Unterordnung, um einander zu helfen!

b) Die Notordnung

Durch die Sünde ist alles anders geworden. Die Beziehung des Menschen zu Gott ist gestört. Der Glanz der

Ebenbildlichkeit ist verlorengegangen. Erschreckend deutlich wird dies bereits bei Kain nach dem Brudermord: *»Da ergrimmte Kain sehr und senkte finster seinen Blick. Da sprach der Herr zu Kain: Warum ergrimmst du? Und warum senkst du deinen Blick? Ist's nicht also? Wenn du fromm bist, so kannst du frei den Blick erheben. Bist du aber nicht fromm, so lauert die Sünde vor der Tür, und nach dir hat sie Verlangen; du aber herrsche über sie«* (1. Mose 4, 5-7).

Auch die Beziehung von Mensch zu Mensch ist gestört, — speziell die Beziehung von Mann und Frau! Durch die Sünde hat sich im Verhältnis von Mann und Frau eine verheerende Verschiebung ergeben, die auch bis heute wirksam ist.

Das Miteinander in der Zuordnung hat sich verlagert. Wir sehen das in 1. Mose 3, 6+12: *»Und das Weib sah, daß von dem Baum gut zu essen wäre und daß er eine Lust für die Augen wäre und verlockend, weil er klug machte. Und sie nahm von der Frucht und aß und gab ihrem Mann, der bei ihr war, auch davon, und er aß. [...]*

Da sprach Adam: Das Weib, das du mir zugesellt hast, gab mir von dem Baum, und ich aß.«

Was hier geschehen ist, könnte man kurz so beschreiben:
- Die Frau reißt mehr Verantwortung an sich, als ihr zugedacht ist von Gott!
- Der Mann schiebt mehr Verantwortung ab, als er von Gott her tragen soll!

Das ist die spezifische Versuchlichkeit der Frau und des Mannes seither. Das bringt immer wieder viel Not in die Beziehung von Mann und Frau!

(Ein anschauliches und zugleich tragisches Beispiel der Bibel ist die Geschichte von Isebel und Ahab! 1. Kö 19+20)

In der Folge des Sündenfalles sagt Gott zur Frau und zum Mann ein besonderes Wort:

»Zum Weibe sprach er: Ich will dir viel Mühsal schaffen, wenn du schwanger wirst; unter Mühen sollst du Kinder gebären. Und dein Verlangen soll nach deinem Manne sein, aber er soll dein Herr sein.

Und zum Mann sprach er: Weil du gehorcht hast der Stimme deines Weibes und gegessen von dem Baum, von dem ich dir gebot und sprach: Du sollst nicht davon essen –, verflucht sei der Acker um deinetwillen! Mit Mühsal sollst du dich von ihm nähren dein Leben lang.

Dornen und Disteln soll er dir tragen, und du sollst das Kraut auf dem Felde essen.

Im Schweiße deines Angesichts sollst du dein Brot essen, bis du wieder zur Erde werdest, davon du genommen bist. [. . .]« (1. Mose 3, 16-19).

Es ist ein Gerichtswort Gottes, das zugleich die Notordnung aufzeigt:

Das ungetrübte Miteinander von Mann und Frau, die Zuordnung als gegenseitige Hilfe erfährt einen Riß, der nie ganz heilen wird.

Mann und Frau gehen zum Teil getrennte Wege. Sie haben unterschiedliche Bedürfnisse. – Schmerzen, Sehnsucht, Verlangen, Begierde, Mühsal, Schweiß und Anstrengung sind ihre Wegbegleiter.

»Und dein Verlangen soll nach deinem Manne sein, aber er soll dein Herr sein« (1. Mose 3, 16).

Fortan wird Unterordnung eine Notordnung sein:
● eine Ordnung, die Not bereitet
● eine Ordnung, die Not vermeidet!

In die Unterordnung aus Liebe hat die Sünde den Aspekt der Macht und der Unterdrückung und der Ausnützung gebracht. Sie hat damit brennendes Salz in die Wunde gestreut! Seit dem Sündenfall zeigt das strahlende Bild der Zuordnung von Mann und Frau auch die Schattenpartien der Unterordnung als Machtstruktur.

c) Die Erlösungsordnung

Mit dem Kommen Jesu, seinem Tod am Kreuz und seiner siegreichen Auferstehung hat er Erlösung gebracht in eine gefallene Welt, auch in die gestörten und zerstörten Beziehungen von Mann und Frau.

Das Erlösungswerk Jesu hat nicht einfach die Sünde aus der Welt geschafft. Das ist das Endziel. Aber er hat die Macht der Sünde gebrochen und damit die Basis geschaffen, daß Heilung der Beziehung zwischen Mann und Frau möglich ist.

Die Erlösungsordnung durch Jesus Christus zeigt uns die Unterordnung als eine Schutzordnung. Sie knüpft damit einerseits an bei der durch die Sünde notwendig gewordenen Notordnung.

Indem
● die Frau dem Mann
● die Kinder den Eltern (Eph 5)
● die Sklaven den Herren (1. Petr 2)
● die Staatsbürger der Obrigkeit (Röm 13)

untertan sein sollen, wird eine Struktur aufgezeigt, in der geordnetes Leben möglich ist, ohne daß Chaos und Anarchie alles zerstören.

Diese Schutzordnung ist noch orientiert an der Notordnung. Sie ist aber bereits eine Erlösungsordnung, weil durch den Glauben nun in die verschiedenen Beziehungen Ordnung und Frieden einkehren kann.

Die geistliche Hierarchie dieser Schutzordnung ist einem Dach mit Ziegeln vergleichbar. Wenn die Ziegel eine geschlossene Reihe bilden, schützen sie das Haus vor Wind, Wetter und Regen. Es bietet kompletten Schutz!

Die geistliche Schutz-Hierarchie heißt:

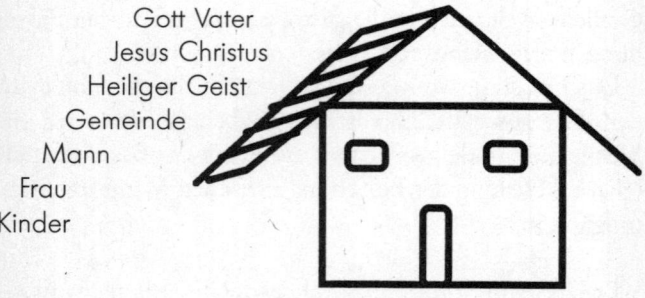

Gott Vater
Jesus Christus
Heiliger Geist
Gemeinde
Mann
Frau
Kinder

Diese Unterordnungs-Hierarchien, die sich in der Welt meistens als Macht-Hierarchien erweisen, dürfen nun durch das Wirken des Heiligen Geistes im Leben der Glaubenden zu Schutz- und Autoritätshierarchien werden.

Wir stehen als Männer und Frauen unter geistlicher Autorität, und wir dürfen diese geistliche Autorität zum Wohl und Segen der uns Untergeordneten einsetzen. Das hat nichts mit Macht und Beherrschen zu tun.

Wie dieses geistliche Prinzip der Unterordnung ganz praktisch aussieht, zeigt uns Paulus in den Worten aus Eph 5, 21: *»Ordnet euch einander unter in der Furcht Christi«* (oder: aus Hochachtung vor Christus).

Das Wort »Unterordnung« heißt griechisch »hypotassisthai« und bedeutet auch das gegenseitige rücksichtsvolle Sicheinfügen. Mann und Frau haben also die Aufgabe, sich in die Ordnung der Ehe hineinzufügen.

Die Unterordnung hat eine männliche und eine weibliche Seite: Liebe, hingebende Liebe, ist die männliche Form. Achtung, Ehrfurcht ist die weibliche Form.

Jesus selber hat beide Seiten der Unterordnung gelebt. Dem Vater gegenüber die weibliche Form der Achtung, der Gemeinde (seiner Braut) gegenüber die männliche Form der Unterordnung: die Liebe.

Zuerst zum Mann: Die Unterordnung des Mannes geschieht durch die Liebe. Er soll seine Frau so lieben, wie Christus die Gemeinde liebt. Jesus, mit seiner grenzenlosen Liebe und Hingabe, die bis zur Opferung seines Lebens ging, wird als Beispiel für den Mann hingestellt. Das Schuldopfer und die Erlösung sind ein für allemal geschehen. Kein Mann muß seine Frau erlösen, sich für sie opfern. Aber es geht um das Beispiel Jesu. Wie lebte Jesus sein Hauptsein, seine Autorität aus? Indem er diente! Seine Herrschaft war eine Herrschaft der Liebe und des Dienens, wie wir es in Joh 13 bei der Fußwaschung sehen.

J. Adams schreibt: *»Dem Mann ist in der Ehe die Verantwortung für den liebevollen Umgang in der Familie auferlegt. Wenn das Zusammenleben von Mann und Frau nicht von der*

Liebe bestimmt ist, dann liegt es in erster Linie am Mann. Auf-
gabe des Mannes ist es, seine Frau zu lieben, mit ihr die Zeit,
die Interessen und das Geld zu teilen und sich ihr in jeder
Situation zuzuwenden. Der Vergleich der Liebe des Mannes
zur Frau mit der Liebe Christi zur Gemeinde beinhaltet die
Erwartung, daß der Mann seine Frau auch dann lieben muß,
wenn diese die Liebe nicht erwidert.«

Das könnte manchem Mann direkt Angst machen. Vielleicht denken Sie: Das kann ich nie! In dieser Beziehung bin
ich ein Versager.

Aber Gott macht mit fehlerhaften Versagern seine Geschichte. Wenn Sie jetzt zu Jesus kommen und ihn bitten,
daß er aus Ihnen einen Mann nach seinem Herzen machen
soll, daß Sie bereit sind, einen neuen Weg in Ihrer Ehe zu
gehen, dann wird sich etwas verändern! Sprechen Sie mit
einem Seelsorger, mit anderen gläubigen Männern darüber,
wie sie diese Liebe daheim leben. Es ist gut, wenn wir an
dieser Stelle ehrlich werden voreinander. Gott möchte
Männer ermutigen, damit sie zu Leitern, zu Vätern, zu
Liebenden werden.

Die Unterordnung der Frau heißt Achtung/Ehrfurcht
dem Mann gegenüber. Das ist das Gegenteil von Verachtung, von Kleinmachen oder Geringschätzung.

In die Herzen vieler Frauen schleicht sich im Laufe einer
Ehe etwas von Verachtung, Auflehnung oder Bitterkeit
gegen den Mann ein. Man hat sich kennengelernt und ist
enttäuscht über die Art, wie er sich daheim als Ehemann
und Vater gibt. Mit der Zeit übernehmen die Frauen das
Steuer und sagen, wo es langgeht. Der Mann soll schauen,
wie er nachkommt.

Dem beugt Gott vor mit dem Ordnungswort: Die Frau ordne sich unter ihren Mann durch die Achtung, die sie ihm entgegenbringt.

Achtung, Ehrfurcht vor dem andern gibt einen Ehrenplatz im Herzen frei. Da steckt das Wort »ehren« drin — es soll dem Mann zeigen, daß wir ihm diesen besonderen Platz geben, ihn bewundern. Wenn wir jemanden achten, haben wir Respekt. Wir überfahren ihn dann nicht, machen ihn nicht klein, reden nicht schlecht über ihn (auch nicht vor den Kindern). Wir schätzen ihn, seine Meinung ist uns wichtig. Wir interessieren uns für ihn und machen uns für ihn schön.

Vielleicht denkt die eine oder andere Frau: Das kann ich nicht. Mein Mann hat keine Achtung verdient. Er ist ein unmöglicher Mensch. Denken Sie daran: Diese Hingabe und Achtung muß der andere sich nicht verdienen. Sie geschieht freiwillig. Es ist mein Geschenk an ihn.

Alle Veränderung beginnt bei mir! Wir denken oft: Wenn er mich lieben würde, würde es mir leichtfallen, mich ihm unterzuordnen. Es beginnt bei mir. Ich kann für mein falsches Verhalten um Vergebung bitten und meinem Mann die Lieblosigkeit vergeben. Bitten Sie aufrichtig um Vergebung für alle Verachtung und Rebellion in Ihrem Herzen Ihrem Ehemann gegenüber. Steigen Sie aus Familienmustern der Frauendominanz aus. Es wird damit eine Bahn frei werden für den Mann, und seine Umkehr wird damit vorbereitet. Haben Sie Geduld!

Auch wenn Sie diesen Weg allein gehen: Wagen Sie die Unterordnung durch Achtung, indem Sie Ihrem Mann danken, ihn fragen oder bitten, ihm gute Worte oder jeden

Tag ein Lob sagen. Entwickeln Sie Phantasie, um es ihm zu zeigen, daß Sie für ihn sind.

Wenn Sie jetzt den biblischen Text nicht gekannt hätten — wie hätten Sie die weibliche und männliche Form der Unterordnung bezeichnet? Ich hätte es von mir her viel eher umgekehrt beschrieben. Den Frauen würde doch die Liebe eher leichter fallen und den Männern die Achtung. Aber Gott weiß, daß die Frauen dann am besten leben, wenn sie in der Liebe ruhen können. Und Männer brauchen es, daß sie geachtet werden, daß man sie respektiert. **So gelebte gegenseitige Unterordnung dient dem Aufbau des Lebens!**

Wachsen und Reifen in der Ehe durch Phasen und Krisen

Wachsen und Reifen ist ein generelles Naturgesetz. Alles Geschaffene, Lebendige ist der Vergänglichkeit unterworfen und damit dem Wandel und der Veränderung.

Werfen wir einen Blick in die Natur: Wenn die Umweltbedingungen stimmen (Wetter, Bodenbeschaffenheit etc.), können wir jedes Jahr zuschauen, wie es im Frühling keimt, aufwächst, reift und dann wieder abstirbt. Es geschieht wie automatisch, es ist genetisch einprogrammiert vom Schöpfer. Es wäre zwar schön, eine Blume (z. B. eine Rose) im Stadium des Aufblühens zu konservieren. Aber dazu müßte man das Leben zerstören. Das Leben kennt keinen Stillstand. Es geht weiter, vorwärts, zur nächsten Stufe. Aus dem Samen wird eine neue Pflanze entstehen.

Der Lebensrhythmus eines jeden Wesens ist aber wieder individuell. Ein Schmetterling erlebt sein Wachsen und Reifen in einer anderen Zeitspanne als eine Riesenschildkröte, die über 100 Jahre alt wird.

Wir Menschen sind ebenfalls diesem Naturgesetz unterworfen von Wachsen, Reifen und Sterben. Im Gegensatz zur übrigen Schöpfung vergehen wir aber nicht einfach. In einem Bilde gesprochen: Wir dürfen als »reife Frucht« in die Scheunen Gottes eingebracht werden, zum ewigen Leben bestimmt.

Auch beim Menschen sind die Entwicklungsstadien schöpfungsgemäß vorgegeben. Aber das Durchlaufen der

Entwicklungsschritte geschieht nicht automatisch. Jeder Mensch antwortet mit seinem Temperament und Wesen, mit seinem ihm eigenen Lebensrhythmus auf diese Aufgaben.

Wir können z. B. sagen: Ein Kleinkind sollte mit eineinhalb Jahren das Laufen beherrschen — so ist die Norm. Aber im Grunde genommen spielt es keine große Rolle, ob es dies etwas früher oder später kann. Hauptsache, es bewältigt diese Entwicklungsaufgabe in einer gewissen Zeitspanne, die es ihm dann ermöglicht, sich weiter zu entwickeln.

Wenn es diese Entwicklungsaufgabe nicht meistern kann, kommt es zur Entwicklungsverzögerung. — Es kommt zur Entwicklungskrise.

Nicht bewältigte Entwicklungsaufgaben führen zu Entwicklungskrisen, die dann eine intensive Auseinandersetzung mit dem Thema benötigen.

Wir könnten diese Phasen und Krisen vergleichen mit dem Wachsen und Reifen eines Ährenhalmes:

Der Halm wächst in einem bestimmten Abschnitt, einer Phase, dann kommt es zu einer Wachstumsverzögerung, in der sich ein Knoten bildet. Die Knoten geben dem Halm Stabilität und Festigkeit, er kann sich dann wieder weiter entwickeln.

Lebensstadien und Lebensaufgaben

Stadium	Aufgaben	Aufgabe nicht erfüllt
Frühkindliches Alter	Vertrauen lernen	Mißtrauen
Kindheit	Selbstvertrauen, Initiative ergreifen	Minderwertig- keits- und Schuldgefühle
Adoleszenz	Eigenidentität finden	Unsicherheit
Erwachsene	Intimität, Verantwortung tragen	Einsamkeit, Abhängigkeit
Lebensmitte	Offen sein für Veränderungen	Stagnation
Alter	Innere Harmonie	Verzweiflung
Hohes Alter	Loslassen, Verarbeiten der Vergangenheit	Vegetieren

So durchlaufen auch wir Menschen die verschiedenen Lebensphasen:

Zunächst noch eine Begriffsabgrenzung:
Wir unterscheiden in diesem Bereich zwischen Zyklus, Rhythmus und Phasen.

Zyklus und Rhythmus zeigen einen Kreislauf an von immer wiederkehrenden und fest zu bestimmenden Elementen: z. B. Jahreszeiten, Tageszeiten etc.

Im festgelegten Rhythmus von Tag und Nacht kann es aber unterschiedliche Phasen geben, z. B. Schlechtwetter- oder Schönwetterphasen.

Phasen sind Abschnitte einer Entwicklung. Darin kann es auch gewisse Gesetzmäßigkeiten geben. Es gibt aber auch viele Abweichungen und Veränderungen.

Darum kann man Phasen nicht in ein festes, verbindliches Zeitschema zwängen.

Auch die Lebensphasen des Menschen deuten auf eine Grundstruktur hin, aber sie lassen auch manche Variationen zu.

Die Grobeinteilung der Lebensphasen:
Säuglingsalter (1. J.) – Kleinkindalter (2-6 J.) – Kindheit (Schulalter) – Pubertät (Teenageralter) – Jugendzeit – junge Erwachsene – Lebensmitte – Alter.

Diese Lebensphasen lassen sich selbstverständlich noch variieren in physische, psychische, geistige und geistliche Phasen und Entwicklungen.

So gibt es natürlich auch im Blick auf die zwischenmenschlichen Beziehungen und speziell für die Ehe eine

Entwicklungsfolge — Phasen, die wir als Ehepaare alle durchlaufen, aber unterschiedlich erleben, bewerten, bewältigen.

Wir wollen uns nun eine solche Phasenfolge ansehen:

1. »Du, nur du allein«

Voraus geht die Zeit der Partnersuche, des Abklärens, Auswählens. Aus der Vielfalt der Auswahl wählen wir den/die Auserkorene(n)! Diese Vorphase hat auch etwas Prickelndes, aber zugleich etwas Anstrengendes an sich. Darum freut man sich besonders über den »**Fund**«! Je intensiver die Vorphase, desto heftiger die Verschmelzungsphase.

Die *Verschmelzungsphase*, die »Schmelzphase«, das »Wir-Gefühl«.

In dieser Phase ist man völlig aufeinander bezogen! Man hat kein Auge mehr für die Umwelt! Dies ist eine wichtige Zeit! Es ist schade, wenn junge Menschen heute manchmal so übersachlich und so abgebrüht sind, daß sie das Wagnis des völligen Sichverschenkens kaum mehr eingehen können. **Zwei Menschen, die sich nicht völlig aneinander verlieren können, können sich auch schlecht gegenseitig finden!**

2. »Wenn ich geahnt hätte, daß du so bist«

Enttäuschungsphase. Man lernt sich kennen, erlebt im Alltag, wie sich die Andersartigkeit, die unterschiedliche Herkunft und Denkweise trennend dazwischenstellen. Unverständnis breitet sich aus. Man wertet die Erlebnisse nicht gleich, hat verschiedene Ansichten über die Gestaltung eines Wochenendes, über den Kontakt zu den Eltern, den Schwiegereltern. Machtkämpfe sind die Folge. Jeder möchte sich mit seinen Vorstellungen durchsetzen. Es wird deutlich:

Das, was die beiden am stärksten gegenseitig angezogen hat, wird zum größten Konfliktpunkt!

Gelingt es in dieser Phase nicht, sich gegenseitig zu akzeptieren, ein willentliches Ja zur Andersartigkeit zu sagen, sich zusammenzuraufen, einen partnerschaftlichen Stil zu entwickeln, endet der schöne Anfang im Unglück. Die Scheidungsstatistik erreicht, neben der Zeit der Lebensmitte, — hier zwischen dem 2. und 5. Ehejahr — die höchste Spitze.

3. »Getrennt marschieren, vereint schlagen«

Das ist *das kooperative Familienunternehmen*. Der Mann muß sich den Herausforderungen des Berufes stellen, die Frau ist meist vollauf beschäftigt mit den Kindern und dem Haushalt, oftmals aber zusätzlich auch noch in einer beruflichen Tätigkeit engagiert. Gemeinsam sucht man sich einen Platz in der Gesellschaft, übernimmt Verantwortung in der christlichen Gemeinde, festigt die Beziehungen zu Freunden, baut sich vielleicht sogar ein Haus.

Es ist eine reiche Zeit des Ausbaus, der Übernahme von Verantwortung. Der Mann bezieht seinen Wert weitgehend in beruflichem Erfolg. Die Frau findet Wert und Erfüllung in Beziehungen.

Diese Phase der »Eigenentwicklung« von Mann und Frau ist nicht von vornherein falsch, muß aber aus einer tiefen inneren Verbindung heraus geschehen, wenn sie nicht negativ verlaufen soll!

4. »Hilfe, wir schrumpfen . . .«

Das ist die *Lebensmittekrise* der beiden Ehepartner, der Loslösungsprozeß von den Kindern; die Sinn- und Aufgabensuche der Frau, nachdem Kapazitäten frei wurden, die Bilanzziehung des Mannes über das bisher Erreichte.

Das ist heute eine der entscheidendsten und schwierigsten Lebensabschnitte für die Ehe. Das Ende der Elternrolle offenbart die eheliche Wirklichkeit. Hier zahlt sich aus, was man in die Beziehung investiert hat in den vorangegangenen Jahren. Hier steht man aber auch verzweifelt dem Ruin gegenüber, der durch die Vernachlässigung der Beziehung eingetreten ist.

5. »Bejahte Zweisamkeit mit offenem Fenster und offener Türe!«

Damit meinen wir das neue Glück, das sich in einer Ehe einstellt, wenn beide durch die Krise hindurchreiften, ein neues, bewußtes Ja zueinander sagen — trotz aller Mängel und Fehler, die jeder hat, und bereit sind, sich gegenseitig zu ergänzen, zu lieben und zu helfen.

Es ist aber nicht mehr eine »blinde Verliebtheit«, die auf sich selbst bezogen ist, sondern ein Miteinander, mit einem offenen Fenster. D. h. man sieht mit wachen Augen, was draußen vor sich geht. Man trägt mit, hilft, teilt, nimmt miteinander die Verantwortung wahr, einer jungen Generation beizustehen und Vorbild zu sein.

»Offene Türe« heißt: zu uns darf man kommen. Wir hören zu, geben Rat und Ermutigung, haben Platz am Tisch, freuen uns an andern.

Diese Zweisamkeit kann zum großen, tiefen Altersglück werden, zur vertrauenden Verbundenheit. Bis dann die neuen großen und schweren Auseinandersetzungen kommen durch Altersgebrechen, Tod und Einsamkeit.

Diese Lebensprozesse sind als Reifungsschritte nicht nur für die Ehe von höchster Bedeutung, sondern auch für den einzelnen Ehepartner an sich. Menschsein heißt vorwärtsschreiten, reifer werden. Wir können nie die bleiben, die wir waren oder heute sind — wir müssen weiter. Die Bibel sagt dazu: *»zum vollendeten Mann, zum vollen Maß der Fülle Christi, [. . .] und wachsen in allen Stücken zu dem hin, der das Haupt ist, Christus«* (Eph 4, 13.15).

Das verschiedene Erleben von Erfüllung in der Ehe von Mann und Frau

Als Ergänzung zu diesen Phasen einer Ehe möchten wir noch eine Grafik anschauen, die ein unterschiedliches Erleben von Erfüllung in der Ehe von Mann und Frau aufzeigt.

Die verschiedene Entwicklung von Mann und Frau

Der Mann sucht und findet seine Erfüllung in der Arbeit und in Aktivitäten außerhalb der Familie. Dort wird er anerkannt, dort gibt es Aufstiegschancen. Nicht selten kommt die Familie erst an zweiter Stelle. So um die 40 hat er das Ziel seiner Karriere erreicht. Plötzlich erwacht der Wunsch nach mehr Ruhe und Geborgenheit, entdeckt er sogar die Familie (!) und das Bedürfnis nach persönlich erfüllenden Beziehungen.

Für **die Frau** verläuft die Kurve fast entgegengesetzt. Sie findet zu Beginn der Ehe ihre Erfüllung in der Familie. Sie legt die Betonung auf persönliche Kontakte und vermittelt im Normalfall den Kindern die nötige Geborgenheit und Wärme. Kleine, auf Hilfe angewiesene Kinder geben ihr reichlich das Gefühl: Wir brauchen dich!

Doch wenn die Kinder langsam ausfliegen, sucht sie neue Aufgaben außerhalb der Familie; nicht selten steigt sie wieder voll ins Berufsleben ein. Oder sie sucht ein vermehrtes Engagement in Gemeinde und sozialem Bereich.

Wachsen und Reifen durch Krisen

Es wäre oft so schön und angenehm, sich in einer Lebensphase, die wir als schön und glücklich empfinden, niederzulassen. Aber das geht nicht. Alles Wachsen bringt Veränderung mit sich. Wir müssen weiter.

Hermann Hesse sagt in seinem berühmten Gedicht über die Lebensstufen:

»*Wir sollen heiter Raum um Raum durchschreiten, an keinem wie an einer Heimat hängen, [. . .] des Lebens Ruf an* uns wird niemals enden. Wohlan denn, Herz, nimm Abschied und gesunde.«

Wachsen heißt auch: loslassen und sich Neuem zuwenden. Die Lebenszeit bejahen, die jetzt gerade dran ist. Der Prediger Salomo sagt das so: »Ein jegliches hat seine Zeit, und alles Vorhaben unter dem Himmel hat seine Stunde: geboren werden hat seine Zeit, sterben hat seine Zeit ...« (Pred 3,1-8).

Logisch, daß diese Veränderungen auch Ängste hervorrufen, in Konflikte und Krisen führen.

Für mich waren Konflikte und Krisen über eine lange Strecke meines Lebens Angstauslöser. Ich versuchte, sie mit allen Mitteln zu verhindern. Oftmals habe ich nachgegeben, mich angepaßt, »ja« gesagt, obwohl ich lieber »nein« gesagt hätte, und bin den Konflikten damit aus dem Weg gegangen. Dann ist mir die wichtige Bedeutung von Konflikten und Krisen aufgegangen.

Sie gehören zum Leben dazu. Heute bin ich sogar überzeugt, daß es kein Wachsen und Reifen ohne Krisen und Konflikte gibt. Sie sind ein Werkzeug zur Veränderung unseres Lebens in der Hand Gottes. Gott bewirkt etwas in unserem Leben durch die Konflikte und Krisen. Wir werden gereinigt, geformt, geschliffen, schön gemacht, in das Bild hineingestaltet, das unser Herr von uns hat. Gott macht Geschichte und führt zu seinem Ziel mit und durch die Konflikte und Krisen. Ein beredtes Beispiel dafür ist das Volk Israel.

Seitdem ich dies begriffen habe, ist auch ein inneres Ja zur Auseinandersetzung mit den Konflikten und Krisen in meinem Leben und Umfeld gewachsen. Ich begreife immer mehr, daß die Krisen eine wichtige Botschaft an mich enthalten und daß ich gut hinhören muß, um sie recht zu verstehen.

Unterschied zwischen Konflikt und Krise

Konflikt und Krise sind nicht dasselbe. Das deutsche Wort Konflikt kommt von dem lateinischen »confligere« = zusammenstoßen.

Spüren Sie den Alltagsgeschmack bei diesem Wort? Ist das nicht eine tägliche Erfahrung in der Ehe und Familie, daß zwei gegensätzliche Meinungen, Erfahrungen, Bedürfnisse zusammenstoßen, aufeinanderprallen? Jeder versucht, dann seine Rechte zu verteidigen, mit seiner Meinung zu überzeugen – der andere wird überfahren.

Wenn man sich angewöhnt, über diese kleinen Alltagskonflikte hinwegzugehen, wenn sogar immer der gleiche Partner (der mit dem geringeren Durchsetzungsvermögen) nachgibt und seine Meinung um des »lieben Friedens willen« aufgibt, kann es mit den Jahren zu einem tiefen Groll und einer echten Krise kommen. **Ehekrisen sind die Folgen nicht bewältigter Ehekonflikte.**

Ich las einmal den Satz: *»Geboren werden heißt, in Konflikte geraten.«* Sie gehören also zum Leben dazu, auch bei Christen!

Eine Krise ist mehr als ein Konflikt. Während die täglichen Zusammenstöße gelöst werden können durch ehrliches Gespräch, gute Kompromisse, gegenseitiges Verstehen und Erklären oder auch durch eine echte, offene

Auseinandersetzung mit dem Problem, ist die Krise nicht so einfach zu heilen. Eine Krise ist tiefsitzender und hintergründiger, hat sich oft über einen längeren Zeitraum hin angebahnt und fordert von uns ein gründliches Überlegen.

Das griechische Wort »Krisis« kommt von dem Zeitwort »krinein« = aussondern, sichten, scheiden, unterscheiden, entscheiden, urteilen. Unter »Krisis«, von dem das deutsche Wort »Krise« abgeleitet ist, versteht man also eine Scheidung oder Entscheidung, einen Wendepunkt. Man ist an eine Wegkreuzung gekommen, wo ein neuer Weg gefunden werden muß.

Eine Krise führt in eine Spannung, die positiv oder negativ verlaufen kann. Der entscheidende Höhepunkt in einer Krankheit kann als Krise bezeichnet werden.

Krise ist Chance und Gefahr

Im Chinesischen wird das Schriftzeichen für »Krise« mit Elementen der Schriftzeichen von »Chance« und »Gefahr gebildet: Es ist beides: Man kann an der Krise reifen oder an ihr scheitern. Die Engländer sagen: Man wird »better or bitter«.

Verhängnisvoll sind abgebrochene, nicht durchgestandene Krisen, solche, die wir nicht angenommen, für die wir eine Scheinlösung gesucht haben durch Flucht, z. B. in eine Sucht (Alkohol, Medikamente), in Arbeit, in Hilfe für andere Menschen, in Zerstörung (Selbstmord).

In den Tagebüchern von Roger Schutz (Taizé) findet sich die Notiz: »*Wenn man Krisen vorzeitig abbricht oder ihnen zu entrinnen sucht, sterben Lebenskräfte ab. Durch Krisen hindurch sehen, was darnach kommt – dieser Weg führt weiter.*«

In einer Krise kann manches aufbrechen und zerbrechen — trotzdem wird sie uns zum Segen und Gewinn, zur Reifung.

Jede Krise hat ihren Sinn, denn Krisen sind Läuterungsprozesse.

In Psalm 66, 10-12 steht etwas davon: »*Denn, Gott, du hast uns geprüft und geläutert, wie das Silber geläutert wird. Du hast uns in den Turm werfen lassen, du hast auf unsern Rücken eine Last gelegt, du hast Menschen über unser Haupt kommen lassen, wir sind in Feuer und Wasser geraten. Aber du hast uns herausgeführt und erquickt.*«

Silber ist im Rohzustand noch nicht brauchbar. Es muß erst geschmolzen werden. Dreck, Schlacken kommen in diesem Schmelzvorgang zum Vorschein und müssen entfernt werden.

Es ist eine große Hilfe zu wissen, daß unser Herr, der uns so sehr liebt und dem wir vertrauen, unsern Schmelzofen überwacht. Er ist an der Arbeit in unserem Leben. Und es ist normal, daß in der Krise, im Schmelzprozeß Dreck sichtbar wird. Jesus kümmert sich um die Beseitigung, wenn wir ihn darum bitten und es zulassen, daß er eingreift und verändert.

Das bisher Gesagte gilt für alle Krisen, aber eben ganz speziell auch für die Ehekrisen, die in vielfältiger Form auftreten. Ehekrisen sind keine Pannen, über die man sich schämen oder die man vor andern verstecken muß. Es sollte doch niemand wissen, daß wir miteinander Schwierigkeiten haben! Was denken denn die Leute über uns? So sind wir doch kein Zeugnis mehr! Rechte Christen haben ihre Ehe im Griff — kennen Sie solche Sätze?

Hilfen in der Krisensituation

Erkennen: Ehekrisen sind Ehelebenschancen!

Sie sind Herausforderungen zur Neuorientierung. Versuchen Sie, die folgenden Schritte gemeinsam durchzulesen und miteinander darüber ins Gespräch zu kommen. Eine große Hilfe ist dabei ein seelsorgerlicher Mensch, der uns in der Krise begleitet und stützt.

Sie können diese Schritte aber auch allein beginnen. Wenn in Ihrem Herzen Trost und Hoffnung einkehren, in Ihrem Leben eine Veränderung geschenkt wird, hat das immer auch Auswirkungen auf den Partner.

Sich der Krise stellen

Diese Situation, so unmöglich sie uns im Moment vorkommt, hat etwas mit mir, mit uns, mit unserer Ehegeschichte zu tun. Darum will ich sie annehmen und mit ihr umgehen. Verdrängen ist Flucht.

Jesus sagt: *»Die Wahrheit wird euch frei machen«* (Joh 8, 32). Die Krise offenbart uns vernachlässigte Wahrheiten über uns selbst.

Beispiel: *Ein jüngeres Paar sitzt mit einem Kleinkind auf dem Schoß vor uns. Sie suchen Hilfe für ihre Ehekrise. Sie* regen sich gegenseitig nur noch auf, können nicht mehr zusammen sprechen. Corinna findet ihren Mann Thomas unmöglich. Sie entzieht sich ihm, widmet sich ganz dem Kind. Er findet sie hart und gefühlskalt, fühlt sich einsam und ausgestoßen. Beide wissen nicht mehr weiter.

Mit der erkannten Wahrheit ins Licht kommen und sie vor Gottes Angesicht ausbreiten

Fragen Sie sich: (nach Möglichkeit aufschreiben)

Seit wann habe ich unsere Krise bemerkt?

Die Krise dauert bereits seit ca. einem halben Jahr. Doch Schwierigkeiten an diesem Punkt hatten sie von Anfang an.

Was hat sie ausgelöst?

Eine starke Bindung von Thomas an seine Herkunftsfamilie. Eine gute, fromme Familie, die viel Wert auf Beziehungspflege legte, eine Mutter, die herzlich Anteil nahm am Leben ihrer Kinder. Die junge Frau empfand die Schwiegermutter als Konkurrentin und wollte ihren Mann für sich haben. Darum hatten sie bei allen Einladungen ins Elternhaus Spannungen miteinander. Vor einem halben Jahr hatten sie klar abgemacht, daß sie von jetzt an am Sonntag für sich sein wollen und Einladungen zum Mittagessen ablehnen. Corinna verlangte von Thomas, daß er es seiner Mutter selber sage, damit nicht sie als Schwiegertochter immer die Böse sei. Als aber die Schwiegermutter am Samstag anrief und zum Sonntagmittagessen einlud, hatte er den Mut nicht, seiner Mutter eine Absage zu geben. Er versprach zu kommen – und damit begann die Krise.

Wie wirkt sie sich aus? (Was ist anders geworden?)

Corinna geht ihren Weg, zieht sich von ihm zurück, will mit seiner Familie nichts mehr zu tun haben und will nicht mehr mit in die Gemeinde. Sie verbündet sich mit dem Kind, der Vater darf das Kind kaum anfassen.

Thomas ist überfordert und hilflos zwischen den beiden Frauen. Keine will er verlieren. Er versucht, auf seine Frau einzureden, sie zu überzeugen, aber sie hört nicht mehr hin. Enttäuschung, Wut und Verzweiflung kommen bei ihm hoch.

Welche Namen würde ich dieser Krise geben?

(Glaubenskrise – Beziehungskrise – Identitätskrise – Entwicklungskrise – Existenzkrise – Verlustkrise – ...)

Entwicklungskrise, er konnte sich nicht richtig und rechtzeitig abnabeln vom Elternhaus, speziell von der Mutter. Das hat zu einer tiefen Beziehungskrise geführt und vor allem bei seiner Frau zu einer Glaubenskrise.

Was kann ich zur Veränderung der Krisensituation beitragen?

Ein chinesisches Sprichwort sagt: »In einer aussichtslosen Lage habe ich zwei Möglichkeiten: entweder ich ändere die Lage oder mich selbst.« Oftmals kann und muß beides geändert werden.

Es gibt Wegführungen, die nur im vertrauensvollen Ausharren auf Gottes Durchhilfe durchgestanden werden können. Es läßt sich nicht alles lösen und verändern. Verändern aber läßt sich immer meine eigene Einstellung. Mit den Worten von Dietrich Bonhoeffer können wir sagen: »Ich glaube, daß Gott aus allem, auch aus dem Bösesten, Gutes entstehen lassen kann und will. Dafür braucht er

Menschen, die sich alle Dinge zum Besten dienen lassen.« Dieses Wort *zum Besten* könnten wir auch übersetzen mit *zum Ausreifen* (Röm 8, 28).

Wir starren dann nicht mehr auf die Krise, sondern blikken auf zum Herrn und vertrauen, daß er unsere Unmöglichkeiten in Möglichkeiten verwandelt.

»Ihn, ihn laß tun und walten, er ist ein weiser Fürst und wird sich so verhalten, daß du dich wundern wirst, wenn er, wie ihm gebühret, mit wunderbarem Rat das Werk hinausgeführet, das dich bekümmert hat« (Paul Gerhardt).

Veränderung tritt ein, wenn ich die Schuld nicht mehr abschiebe, sondern bereit bin, die Verantwortung für meinen Anteil an Fehlern und Schuld zu übernehmen, die zur Krise geführt haben. Ich bitte Jesus und meinen Partner um Vergebung. Das sind heilige Stunden! Man darf sie nicht mißbrauchen im Sinne von »hab ich dich endlich soweit, daß du es zugibst!«

Vorwürfe, Anklagen, Rechtfertigungen bringen keine Veränderungen, nur Verhärtung der Krise mit sich.

»Seid aber miteinander freundlich und herzlich, vergebt einer dem andern, wie Gott euch vergeben hat in Christus« (Eph 4, 32, vergl. Kol 3, 13).

Thomas mußte die Grundordnung Gottes für die Ehe verstehen lernen, die in 1. Mose 2,24 steht: »Darum wird ein Mann Vater und Mutter verlassen und seinem Weibe anhangen; und die zwei werden sein ein Fleisch.«

Äußerlich war er ausgezogen aus dem Elternhaus, aber innerlich war er geblieben. Nun kam auch dieses innere Verlassen dran. Das war ein schmerzlicher, aber notwendiger Schritt.

Er bat seine Frau um Vergebung, daß er sie an die zweite Stelle gesetzt und sich vor seiner Familie nicht wirklich zu ihr gestellt hatte. Er bestätigte nochmals den Ehebund, den er mit ihr geschlossen hatte und versprach ihr, nun wirklich als Ehemann für sie und das Kind da zu sein und das Leben mit ihnen zu teilen.

Sie bat ihn um Vergebung für den Rückzug, die Rebellion und Bitterkeit, die sie ihm gegenüber festgehalten hatte. Corinna gab auch von ihrer Seite her nochmals das Ja zum Miteinander. Gemeinsam wollten sie einen Neuanfang wagen vor Gottes Augen und mit seiner Hilfe.

Welche konkreten Schritte müssen wir tun, um zu einer Lösung zu kommen?

Vielleicht ist uns in der Krise plötzlich klargeworden, daß wir zu hohe Erwartungen an den Partner stellen, oder daß wir zu wenig Zeit investiert haben, um unser Miteinander wirklich zu gestalten. Eine gute Beziehung zueinander bedeutet Arbeit an sich selbst und an der Partnerschaft.

Darum müssen klare Abmachungen und Spielregeln ausgemacht werden, damit wir die Beziehung pflegen können. Beide müssen Verantwortung übernehmen lernen für das Gelingen der Ehe.

Thomas schrieb seinen Eltern einen Brief und erklärte ihnen seine Situation. Er möchte klar und eindeutig zu seiner Frau stehen, die eigene Ehe und Familie pflegen und aufbauen.

Thomas und Corinna beginnen nun über ihr Miteinander zu sprechen. Gewisse Haushaltsaufgaben teilen sie sich auf, verbringen aber auch bewußt freie Zeit zusammen und arbeiten mit in der Gemeinde. Sie sind am Üben und Lernen und wissen, daß noch andere Konflikte und Krisen auf sie zu-

kommen werden. Das Durchstehen und Bewältigen dieser Krise hat sie aber sehr ermutigt, Schwierigkeiten anzusprechen und anzupacken. Denn Krisen sind Reifungshilfen.

Wachsen durch Phasen und Krisen
(Arbeitsblatt für Ehepaare)

Die fünf Phasen:
1. »Du, nur du allein!« – *Verschmelzungsphase*
2. »Wenn ich geahnt hätte, daß du so bist...!« – *Enttäuschungsphase*
3. »Getrennt marschieren, vereint schlagen!« — *die kooperative Phase.*
4. »Hilfe, wir schrumpfen...!« – *Phase der Lebensmitte*
5. »Bejahte Zweisamkeit« – *Altersphase*

Aufgabe:
- Ordnen Sie die verschiedenen Krisen den Phasen 1- 5 zu.
- Welche Krisen haben Sie durchlebt und hinterher als »positiv« bewertet? $\oplus$
- Welche Krisen sind bis heute unbewältigt oder gingen »negativ« aus? $\otimes$
- Welche Krisen stehen im Moment an? $\emptyset$

Zu wenig Gespräch und gestaltete Zeit miteinander		
Kein Interesse mehr am Ergehen des Partners		
Gähnende Langeweile durch Gewöhnung und Phantasie-losigkeit im Umgang miteinander		
Fehlende(s) Vertrauen + Beziehungstiefe, um sich die geheimen Ängste/Träume/Sehnsüchte sagen zu können		
Leiden an der Andersartigkeit des Partners		
Pubertierende Teenager, die die Eltern an die Grenzen bringen mit ihrer Rebellion und Provokation		
Kein »Ja« zur Ablösung der Kinder, Angst vor Einsamkeit und »leeres-Nest-Syndrom«		
Ein Partner ist krank, der andere muß ständig Rücksicht nehmen und ist überfordert		
Kleinkinder, die die Eltern (vor allem die Mutter) bis zur Erschöpfung »aufbrauchen«		
Schulschwierigkeiten der Kinder		
Schwierigkeiten mit den Schwiegereltern		
Finanzieller Engpaß		
Berufliche Überforderung durch Streß oder unbefriedigende Arbeit		
Stellenwechsel		
Arbeitslosigkeit und Stellensuche		
Zeitnot durch Weiterbildung		
Zusätzliche Tätigkeiten und Interessen außerhalb der Ehe und Familie		
Zu viele Beziehungen außerhalb		
Zu wenige Beziehungen (Einsamkeit)		
Liebesbeziehung außerhalb der Ehe		
Ortswechsel		
Lebensumstellung (z. B. Pensionierung)		
Krankheit		
Tod/Verlust eines lieben Menschen		
Wegzug/Trennung von Freunden		
Glaubenszweifel/Verlust der Beziehung zu Gott		

Heilung der Sexualität

Das Wort »Heilung« heißt wiederhergestellt, gesund, in Ordnung sein. Es beinhaltet einen abgeschlossenen Genesungs- oder Wiederherstellungsprozeß, der jetzt fertig, vollendet ist.

Im Blick auf die Sexualität heißt Heilung:

- daß durch das Sterben und Auferstehen Jesu Heilung und Erneuerung de facto wirklich geschehen und vollendet ist.

- daß in unserem Leben Heilung der Sexualität als Weg, als dynamischer Prozeß des Heilwerdens erfahren wird.

Das noch Unheile will der Vater im Himmel als Kanal seiner Gnade benutzen. Jesus kommt mit seiner Liebe in unsere Bedürfnisse, in unsern Mangel hinein. Er schafft in uns eine tiefe Quelle des Mitleides, ein Herz für andere, die gebrochen sind. Er schenkt uns Gnade und möchte uns als Vermittler dieser Gnade benutzen.

Wir sind als Seelsorger »gebrochene Helfer«, oder wie H. Nouwen formulierte »verwundete Heiler« und geben anderen aus unserem eigenen Unterwegssein mit dem Heiland Zeugnis von der Heilung in Gott.

Es ist uns bewußt, daß Heilung der Sexualität die drei großen Bereiche angeht, in denen die Gebrochenheit durch die Sünde wirksam wurde:

- Beziehung des Menschen zu Gott
- Beziehung des Menschen zum Mitmenschen
- Beziehung des Menschen zu sich selbst.

Heilung der Beziehung zu Gott

Das »oberste Gebot«, das Jesus seinen Jüngern sagte, entspricht dieser erneuerten Beziehung auf allen drei Ebenen. Lk 10, 27:

»Du sollst den Herrn, deinen Gott, lieben von ganzem Herzen, von ganzer Seele, von allen Kräften und von ganzem Gemüt, und deinen Nächsten wie dich selbst.«

In unserer Vorstellung reduzieren wir Sexualität meist auf den Geschlechtstrieb, -akt und das, was an Lust und Frust und Perversion damit zusammenhängt.

Doch sie umfaßt ja weit mehr. Sie umfaßt den ganzen Menschen. Nur wer ein klares Bild hat vom Eigentlichen, Originalen der Sexualität, wie Gott sie gemeint hat, hat ein Ziel vor sich, zu dem er sich auf dem Weg der Heilung hinbewegen kann.

In der Sexualität des Menschen liegt ein Geheimnis verborgen, das nur verstanden werden kann im Zusammenhang mit der Gottebenbildlichkeit des Menschen. Darum lesen wir nochmals aus der Schöpfungsgeschichte:

»Gott sprach: Lasset uns Menschen machen, ein Bild, das uns gleich sei, die da herrschen über die Fische im Meer und über die Vögel unter dem Himmel und über das Vieh und über alle Tiere des Feldes und über alles Gewürm, das auf Erden kriecht.

Und Gott schuf den Menschen zu seinem Bilde, zum Bilde Gottes schuf er ihn; und schuf sie als Mann und Weib.

Und Gott segnete sie und sprach zu ihnen: Seid fruchtbar und mehret euch und füllet die Erde und machet sie euch untertan. [...]

Und Gott sah an alles, was er gemacht hatte, und siehe, es war sehr gut!« (1. Mose 1, 26-28+31)

Der dreieinige Gott lebt in sich als Gemeinschaft von Vater, Sohn und Heiligem Geist, in völliger Einheit und doch verschieden im Auftrag.

Gott, der selber in Beziehung lebt, schuf den Menschen, der ihm gleich und sein Ebenbild sein soll, auch als Beziehungswesen. Er soll in Beziehung mit ihm leben. Aber Gott realisiert die Einsamkeit des Menschen, in der er sich befindet. Und er sagt über diesen ersten Menschen:

»Es ist nicht gut, daß der Mensch allein sei, ich will ihm eine Gehilfin [Entsprechung] machen, die um ihn sei.«

Fortan lebt der Mensch als Mann und als Frau. Sie sind sich zugeordnet, aufeinander angewiesen, einander als Geschenk gegeben. Der Schöpfer formte eine Ergänzung für den Menschen, um die emotionalen und körperlichen Bedürfnisse zu stillen. Als Mann **und** Frau spiegeln sie Gottes Ebenbildlichkeit wider. In der Aufgabe und Möglichkeit der Einheit, des Einsseins, der Ergänzung und Gemeinschaft liegt die Verwirklichung des beziehungsmäßigen Aspektes der Ebenbildlichkeit Gottes.

Der göttliche Stempel des »Sehr gut«, sein Ja und sein Segen ruhen auf dem Menschen, der sich als Mann und Frau darstellt. Er ruht auf der Sexualität von Mann und Frau, auf dem »Ein-Fleisch-werden« von Mann und Frau. In diesem Einssein werden die beiden zu Teilhabern des Schöpfungsaktes Gottes. Sie zeugen neues Leben, ihre Beziehung bringt Frucht.

Paulus bringt in Eph 5, 28-32 diesen Aspekt der Ehe nochmals zur Sprache, wenn er vom Geheimnis redet, vom doppeldeutigen Charakter der Ehe, dem Hinweis auf das Widerspiegeln der Ebenbildlichkeit Gottes. So wie ein Mann seine Frau liebt, mit der er eins, ein Fleisch ist, so liebt Christus die Gemeinde – will Christus einssein mit der Gemeinde.

Das Originalbild der Sexualität heißt: Die Sexualität von Mann und Frau ist sehr gut. Sie gibt dem Mann die Identität, ein Mann zu sein und als Mann zu leben. Sie gibt der Frau die Identität, Frau zu sein und als Frau das Leben zu gestalten. Sie ist die Sehnsucht und das Begehren, das Mann und Frau zueinander hin bewegt und treibt, die Spannung der Verschiedenartigkeit auszuhalten, in Beziehung und Ergänzung zueinander zu leben, die Abhängigkeit voneinander zu bejahen, durch das Einssein fruchtbar zu werden, Leben weiterzugeben und diese Lebensaufgabe gemeinsam zu gestalten und zu bewältigen.

Sexualität wird gelebt vor den Augen Gottes in Beziehung zu Gott. Es ist nichts Verstecktes, Verschämtes, Unreines darin. Adam und Eva lebten ihre Sexualität natürlich und offen. Sie waren beide nackt und schämten sich nicht. Würde und Heiligkeit und Herrlichkeit Gottes liegt über diesem Einssein von Mann und Frau. Ja, der Mensch ist Abglanz der Herrlichkeit Gottes.

Aber dieses »Sehr gut« wurde zerstört durch die Sünde. Die Verführung zum »Selber-sein-Wollen-wie-Gott« hat den Menschen um die Gemeinschaft mit Gott gebracht. Die Folge davon ist der Beziehungsbruch, die zerstörte Einheit. Nach außen hin deutlich gemacht durch die Vertreibung aus dem Paradies.

Wenn wir jetzt von »Heilung der Sexualität« reden, geht es uns deshalb nicht in erster Linie darum, wie wir im Einzelfall Sexualitätsprobleme lösen und korrigieren. Es geht um die Rückgewinnung der verengten Sicht über Sexualität in die Einbettung der Beziehung zu Gott. Gottes Ordnung in den Beziehungen soll wieder hergestellt werden. Die Unordnung in den sexuellen Beziehungen ist durch die Abwendung vom Schöpfer hin zum Geschöpf entstanden. Paulus beschreibt es deutlich in Römer 1. Sexuelles Chaos ist die Folge.

Das große Ziel der Heilung ist nicht einfach nur konfliktfreier Umgang mit der eigenen oder ehelichen Sexualität, sondern die Heilung der Beziehungsfähigkeit, Heilung der Liebesfähigkeit.

Heilung in diesem Horizont ist kein Therapieprogramm, sondern göttliches Eingreifen in unser Leben durch die Erlösung. Durch das Sterben Jesu am Kreuz auf Golgatha hat er für uns den Weg gebahnt zur Heilung und Wiederherstellung der Beziehung zu Gott. In Jesus Christus tritt uns die Gnade Gottes entgegen, zeigt sich sein herzliches Erbarmen. Gottes Absicht ist es, das Verirrte (siehe Joh 8 die Ehebrecherin!!) heimzuführen, das Verwundete zu verbinden, das Kranke zu heilen in seinem Sohn Jesus Christus. Heilung der Sexualität heißt auch Erlösung von aller Schuld, die durch verirrte, pervertierte, mißbrauchte, verletzte Sexualität geschehen ist.

»Aber er ist um unsrer Missetat willen verwundet und um unsrer Sünde willen zerschlagen. Die Strafe liegt auf ihm, auf daß wir Frieden hätten, und durch seine Wunden sind wir geheilt« (Jes 53, 5).

Damit ist der Weg frei zum Vater. Als Gerechte durch Jesus treten wir ein in eine neue Lebens- und Liebesbeziehung, in den Stand der Kindschaft und sagen: »*Abba, lieber Vater.*«

Alle Verurteilung und Verdammung hat der Vater von seinen Kindern abgezogen. Es gibt nichts Verdammliches an denen, die ihre neue Identität in Jesus Christus haben. Der Vater sagt über uns als Frau als Mann: Du bist angenommen, wert geachtet und sehr geliebt. Er sagt dies trotz aller Mängel, Schwächen und Fehler, die noch da sind.

Wir sind eingeladen, diese Beziehung mit dem dreieinigen Gott zu leben, mit ihm eins zu werden (siehe 1. Kor 6, 17: »Wer aber dem Herrn angehört, der ist **ein** Geist mit ihm«), Anteil zu haben an seinem Leben und seiner Liebe. Das Wissen allein um dieses ganze Angenommen- und Geliebtsein erfreut uns zwar, verändert uns aber nicht in der Tiefe. Es braucht dieses ins Herz hinein zugesprochene und in der Tiefe des Herzens festgemachte Wort des Vaters, das ich für mich glauben kann: **Du bist mein Kind!**

Heilung der Beziehung zum Nächsten

Weil uns das »oberste Gebot« Jesu als Richtschnur dient, kommt als nächster Punkt die Beziehung zum Du dran.

Man kann hier berechtigterweise die Frage nach der richtigen Reihenfolge stellen, ob eine heile Beziehung zu mir selber nicht die Voraussetzung wäre zu einer gesunden sexuellen Beziehung zum andern.

Beides wäre möglich, eines wächst am andern.

Martin Buber hat es einmal so gesagt: *»Ich werde am Du – und ichwerdend spreche ich Du.«*

Ich werde am Du

Im Schöpfungsbericht ist es richtig ergreifend, wie Gott die Tiere vor den Menschen bringt und er ihnen Namen gibt, sie identifiziert. Aber es war kein Geschöpf da, das dem Menschen ein echtes Gegenüber sein konnte. Erst als Gott die Frau zu Adam brachte, rief er jubelnd: *»Das ist doch Bein von meinem Bein und Fleisch von meinem Fleisch. Man wird sie Männin nennen, weil sie vom Manne genommen ist.«*

Der Mensch brauchte jemanden, der ihm ähnlich genug war, damit er sich mit ihm identifizieren konnte, und doch zugleich einzigartig anders war, um ihn aus dem Alleinsein herauszurufen. Bei Adam fehlte ein Teil, dieses innere Stück, die Rippe, aus der Eva gemacht wurde. In Mann und Frau legte Gott diese Sehnsucht nach dem fehlenden inneren Teil, das der andere besaß, damit sie einander zum helfenden Gegenüber werden konnten.

Adam erkannte seine Männlichkeit im Anblick von Evas Weiblichkeit. Ihre einzigartige Identität als Mann und Frau wurde ihnen deutlich durch die Andersartigkeit des andern.

Ist es nicht bezeichnend, daß das Alte Testament in den verschiedenen Ehegeschichten nicht den »technischen« Begriff Geschlechtsverkehr gebraucht, sondern das Wort »erkennen«? Erkennen führt weit über das Funktionieren der Genitalien hinaus und meint die tiefe Begegnung eines Mannes mit einer Frau, die sich mit dem Herzen, ihrer Seele, ihrem Leib, ihrem Geist einander verschenken und hingeben. Dieses Einswerden ist Liebesgemeinschaft, ist Fülle von Leben und Stillung des inneren Hungers nach Nähe.

Heilung der Sexualität in der Ehebeziehung

Heilung des hartgewordenen Herzens, der Cardiosklerose:

Hes 36,25+26: »*Und ich will reines Wasser über euch sprengen, daß ihr rein werdet, von all eurer Unreinheit [Hurerei] und von all euren Götzen [Abgötterei] will ich euch reinigen. Und ich will euch ein neues Herz und einen neuen Geist geben und will das steinerne Herz aus eurem Fleisch wegnehmen und euch ein fleschernes [lebendiges, beziehungsfähiges] Herz geben.*«

Die erogenste Stelle befindet sich außerhalb des Genitalbereiches: im Herzen.

Sexualität ist die tiefste Begegnung mit dem Herzen. Wir öffnen uns für den Menschen, den wir lieben. Wir verschenken uns, geben uns aneinander hin. Das ist nur möglich, wenn das Herz empfangen und nehmen kann.

Heilung des harten Herzens geschieht durch einen Prozeß der Erneuerung unseres Herzens. Gott verspricht das absolute Wunder eines neuen Herzens, das voll wird von seinem Geist.

Erneuerung beginnt meist mit innerer Erkenntnis der Schuld, der Unfähigkeit zu lieben, der Härte und führt dann zu Buße und der Bitte um Vergebung und Heilung und einer neuen Hinwendung zu Gott.

Das Alte Testament endet mit der Verheißung der Beziehungserneuerung (Mal 3), wenn Gott die Herzen der Väter zu den Söhnen und die Herzen der Söhne zu den Vätern bekehren wird. Wir könnten es ausweiten: die Herzen der Frauen zu ihren Männern und die Herzen der Männer zu ihren Frauen bekehren wird.

Gottes Ordnung erkennen in der Prioritätenliste der Beziehungen

Gestörte Sexualität kommt oft durch falsche Prioritätensetzung. Das gemeinsame Leben in der Ehe hat zu wenig Raum durch das »Nicht-verlassen-Können« der Eltern, der Überbetonung der Kinder oder des Berufes, der Gemeinde.

Die Ordnung der Ehegemeinschaft:
Prioritäten der Beziehungen

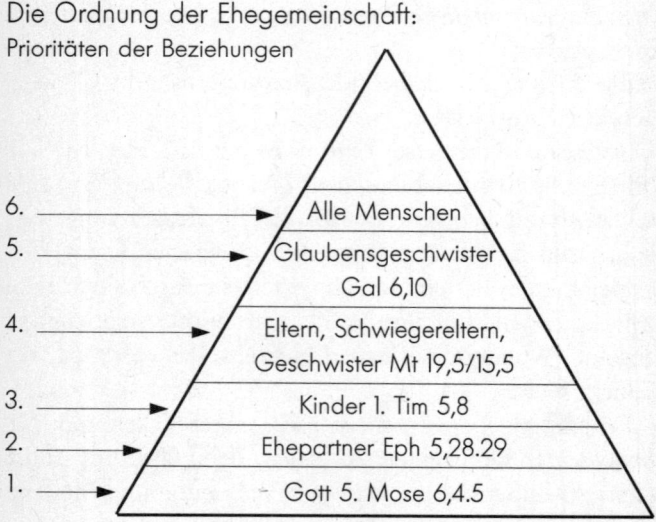

6. → Alle Menschen
5. → Glaubensgeschwister Gal 6,10
4. → Eltern, Schwiegereltern, Geschwister Mt 19,5/15,5
3. → Kinder 1. Tim 5,8
2. → Ehepartner Eph 5,28.29
1. → Gott 5. Mose 6,4.5

Gottes gute Gabe der Sexualität anerkennen und achten

Sexualität pendelt oft zwischen den Extremen: Sexualitätssüchtigkeit und Sexualitätsmüdigkeit. Wir merken, daß dieses Thema in vielen Ehen eher ein mühsames Kapitel ist. Vielleicht stumpfen die sexgeschwängerten Medien die eheliche Sexualität eher ab. Jedenfalls stöhnen unzählige Ehefrauen auf: »Was, schon wieder?« Und abgewiesene Ehemänner spülen den Frust mit Alkohol hinunter. Der Sexfrust in Ehen ist groß!

Jede Verweigerung oder Übersteigerung der Sexualität hat ihren eigenen Hintergrund. Es gibt keine Pauschalheilungen und keine oberflächlichen Rezepte. Aber die innere und äußere Einstellung zur Sexualität ist wichtig in der Ehe. Gott will, daß wir ein Ja zur Geschlechtlichkeit haben, diese Gabe entfalten, uns als Ehepaar gegenseitig erfreuen. Wie sagt es Salomo in den Sprüchen (5, 18) so schön: *»Freue dich des Weibes deiner Jugend!«*

Machtmißbrauch durch Sexualität einstellen

Sexualität und Erziehung sind die beiden Kampf- und Erpressungsmittel in der Ehe. Wenn eine Frau den Mann bestrafen oder sich rächen will (oder umgekehrt), kann sie sich verweigern. Mit der Sexualität versuchen wir, den andern gefügig zu machen, er muß es sich verdienen.

Sexualität ist aber ein Geschenk, das ich für den Partner bekommen habe. Paulus sagt es uns im 1. Kor 7, 4+5 so: *»Die Frau verfügt nicht über ihren Leib, sondern der Mann. Ebenso verfügt der Mann nicht über seinen Leib, sondern die Frau. Entziehe sich nicht eins dem andern [. . .]«*

113

Die Unterschiedlichkeit, wie wir als Mann und Frau Sexualität erleben, akzeptieren und als Ergänzung betrachen

Ingrid Trobisch läßt eine afrikanische Frau den Unterschied zwischen Mann und Frau so formulieren: *»Das Erleben des Mannes ist wie Grasfeuer: leicht entzündbar, schnell auflodernd und rasch erlöschend. Das Erleben der Frau hingegen ist wie Holzkohlenglut, die der Mann mit Geduld zum Brand entfachen muß und die nach dem Aufflammen noch tief und lange weiterwärmt.«*

Und von einer amerikanischen Sexualitäts-Wissenschaftlerin stammt der Satz: *»Männer geben Liebe und Zärtlichkeit für Sexualität, Frauen geben Sexualität für Liebe und Zärtlichkeit.«*

Der liebende Umgang miteinander hilft uns, die unterschiedlichen Bedürfnisse zu verstehen. Wenn wir uns darin respektieren und aufeinander eingehen, finden wir gemeinsam einen Weg.

Perfektionistische Vorstellungen von ehelicher Sexualität aufgeben

Sexualität ist kein Leistungssport: Laut Statistik hat ein Ehepaar im Alter von 25-30 Jahren 2,5mal pro Woche Geschlechtsverkehr.

Oder: Wir machen alles nach Handbuch X, und da müßte eine Frau doch zum Orgasmus kommen. Aber bei meiner Frau klappt's nicht. Was machen wir falsch?

Jedes Ehepaar erhält die gute Gabe der Sexualität in ihre persönliche, intime Ehegemeinschaft. Aber es gibt nicht **die** Sexualität, und **so** macht man's. Vorstellungen, Bilder und

Buchwissen müssen oft ganz bewußt auf die Seite getan werden, damit unsere Sexualität leben kann.

Es gibt auch Heilung der Sexualität durch das Annehmen dessen, wie wir zwei Sexualität miteinander leben können, was für uns möglich ist. Wichtig ist, daß es für beide stimmt und daß die Sexualität in Liebe, in Wertschätzung und Hingabe aneinander eingebettet ist.

Heilung von Angst, nicht zu genügen.

Heilung von Angst, zu kurz zu kommen, zu wenig zu erhalten.

Sexuelle Bedürfnisse verändern sich auch mit dem Älterwerden, aber sie hören nicht auf.

Heilung der Sexualität allgemein in den Beziehungen

Wir Menschen brauchen Beziehungen — Frauen noch stärker als Männer. Weil Sexualität nicht ein Organ, sondern unsere geschlechtliche Identität ist, uns von Kopf bis Fuß umfaßt, bringen wir die Sexualität auch in alle unsere Beziehungen ein.

Auch Ehelose können die Sexualität nicht ausschalten und ohne sie Beziehungen leben. Aber auch hier gehört sie in die gute Ordnung Gottes und wird vor seinen Augen, unter seiner Herrschaft gelebt.

Sexualität ist vielschichtig, kreativ, schöpferisch und kann nicht nur durch geschlechtliche Vereinigung gelebt werden. Sexuelle Enthaltsamkeit ist weder für die Psyche noch für den Körper schädlich, wenn sie aus der Freiheit der eigenen Entscheidung geübt wird. Sexualität muß dabei nicht verdrängt werden, sondern kann umgeleitet, sublimiert und konzentriert auf andere Aufgaben gelenkt werden. Es bauen sich dabei andere Hirnleistungen auf. Wieviel Hingabe und diakonischer Liebesdienst, Fürsorge und Opfer für andere Menschen sind von Ehelosen gelebt worden, weil sie den Ruf in die Nachfolge gehört und ernstgenommen haben. Die Geistesfrucht der Keuschheit und die Reinheit des Herzens sind wesentliche Voraussetzungen zu einem unverkrampften Umgang mit der eigenen Leiblichkeit als Ehelose.

Ich denke da an das große, weite Gebiet von Freundschaften. Wäre da nicht viel Land zurückzuerobern und Heilung nötig?

Das biblische Beispiel von David und Jonathan (1. Sam 18) zeigt uns eine gleichgeschlechtliche Freundschaft von Männern, die voller Herzlichkeit, Liebe und Fürsorge ist, ohne daß die beiden in eine Abhängigkeit voneinander geraten sind.

Ich bin froh, daß diese Männerbeziehung so in der Bibel zu finden ist. Frauenfreundschaften sind in unserer Kultur viel bekannter.

Wir alle sehnen uns nach Freundschaft und brauchen sie. Auch für gleichgeschlechtliche Freundschaften gelten Gottes Ordnungen, damit sie gelingen. Zwei Geheimnisse für gelungene Freundschaften werden uns hier gezeigt:

● *»Jonathan hatte David so lieb wie sein eigenes Herz.«*
Echte Liebe verbindet sich mit dem Herzen des anderen, gibt dem andern aber die Freiheit, er selbst zu sein. Sie besitzt den andern nicht, pachtet ihn nicht für sich und ist nicht eifersüchtig, wenn noch ein anderer mit ihm befreundet ist.

● *»Der Herr steht zwischen dir und mir«* (1. Sam 20, 23).

Es gab keine erotische Verschmelzung, Gott stand zwischen ihnen. Keiner konnte beim andern die Stelle Gottes einnehmen. Ihre Freundschaft hatte zum Ziel, sich gegenseitig beizustehen, sich im Glauben zu stärken. Jonathan ging zu David und stärkte sein Vertrauen auf Gott (1. Sam 23, 16).

Gleichgeschlechtliche Freundschaften sind eine große Stütze im Leben. Hier ist Anteilnahme am Ergehen des Freundes möglich, Begleitung durch die Höhen und Tiefen. Ein Mensch, der zu mir steht, auch wenn ich Niederlagen erlebe und Fehler mache, der mir in Liebe die Wahrheit sagt und eine Auseinandersetzung mit mir wagt, der mich ermutigt und mit mir trägt, vor dem ich weinen und mit dem ich lachen kann. Einer, der mit Gott über mich redet.

Natürlich gehört gegengeschlechtliche Freundschaft ebenfalls in diesen Bereich. Man braucht dazu nicht die sexuellen Gefühle abzutöten. Es braucht aber hier in besonderer Weise eine bewußte, ethisch verantwortete Kontrolle über die Gefühle und klar abgesteckte Grenzen, die beide kennen.

Ich habe einmal den Satz gelesen, daß sich in der Ehe zwei Menschen von Angesicht zu Angesicht gegenüberstehen. In der Freundschaft dagegen stehen sie Schulter an Schulter.

Ich frage Sie: Wie heißt Ihr/e Freund/Freundin?

Wem sind Sie Freund/Freundin?

Was sagt Ihnen das Angebot Jesu in Joh 15, 14+15, ein Freund von Jesus zu sein?

Heilung der Beziehung zu mir selbst und meiner sexuellen Identität

»Ichwerdend spreche ich Du« (Buber) — Ichwerdung ist ein Wachstumsprozeß. Je mehr ich ich werde, desto besser kann ich in Kontakt treten zu andern, einem Du. Ichwerdung meint nicht eine narzistische Selbstverkrümmung, sondern den gesunden Aufbau einer eigenen Persönlichkeit.

Gottes heilende Liebe zielt ganz besonders darauf ab, uns aus der zerstörerischen Verarmung und Verkrümmung zu befreien und uns in die Fülle des Lebens hineinzuführen in eine gesunde Entfaltung unserer Person, die in Gemeinschaft mit ihm lebt.

Welche Hindernisse blockieren die Entfaltung als Mann und Frau?

- Erfahrene Ablehnung in der Kindheit. Eine Schwangerschaft kam unerwünscht oder in eine persönliche Krise hinein. Das Kind war ungeplant, war ein sogenannter »Unfall«.
Man hatte sich einen Jungen gewünscht, und jetzt ist ein Mädchen da — oder umgekehrt.
Kameraden in der Schulzeit oder Nachbarschaft lehnten ein Kind ab, schlossen es vom Spielen aus.
Ablehnung legt sich wie ein großes Nein, wie ein Schatten auf ein Kind. In der Folge lehnt es sich selbst oder sein Geschlecht auch ab und kann den Lebensrahmen seiner Persönlichkeit nie aus- und auffüllen. Es kann nicht voll in sein Mann- oder Frausein eintreten. Wer sich

selbst ablehnt, kann sich nicht schenken und hingeben. Wieviele Menschen lehnen ihren Körper ab, finden sich selbst abstoßend und häßlich, bleiben in Minderwertigkeitsgefühlen und Selbstzweifeln gefangen.

Oft versucht man ein Leben lang durch Leistung, durch Gut- und Bessersein, eine Bestätigung zu erhalten, die diese Ablehnung entkräftet.

Heilung von Ablehnung wird mir geschenkt, wenn ich es begreife und für mich ganz persönlich annehme, daß ich von fehlerhaften, unvollkommenen Eltern gezeugt, geboren und erzogen wurde, aber daß dahinter Gott steht. Er wollte mein Leben. Er gab mir das Leben, durch ihn bin ich da. Ich bin gewollt, geliebt und werde gebraucht von ihm.

»Denn in ihm hat er uns erwählt, ehe der Welt Grund gelegt war.« (Eph 1, 4) — Meine Formung im Mutterleib geschah unter Gottes »Ja« (Ps 139, 13-16): *»Denn du hast meine Nieren bereitet und hast mich gebildet im Mutterleibe. Ich danke dir dafür, daß ich wunderbar gemacht bin. Wunderbar sind deine Werke, das erkennt meine Seele. Es war dir mein Gebein nicht verborgen, als ich im Verborgenen gemacht wurde, als ich gebildet wurde unten in der Erde. Deine Augen sahen mich, als ich noch nicht bereitet war, und alle Tage waren in dein Buch geschrieben, die noch werden sollten und von denen keiner da war.«*

Es ist oft ein langer innerer Prozeß, bis ein Mensch wirklich bereit ist, Gottes Wahrheit über seinem Leben anzuerkennen und diese ganze Annahme zu glauben. Es braucht Mut und echte Demut, nicht mehr anders, besser, schöner, idealer sein zu wollen, sondern ich selbst zu sein. Mich so zu akzeptieren, wie ich bin.

● Keine oder eine falsche Bestätigung durch den gleich-geschlechtlichen oder gegengeschlechtlichen Elternteil. Unsere geschlechtliche Identität entwickelt sich durch die Beziehung mit anderen Menschen. Die wichtigsten Bezugspersonen sind dabei die Eltern. Sie sind das erste und prägendste Beispiel für das, was männlich und weiblich bedeutet. In dieser überaus komplexen Beziehung reagiert jedes Kind wieder anders, seinem inneren Mechanismus gemäß, mit dem es Einflüsse verarbeitet. Deshalb erleben die Kinder in ein und derselben Familie die Eltern oft ganz unterschiedlich, und die gleiche Erziehung kann dem einen Kind nützen und dem andern schaden.

Der gleichgeschlechtliche Elternteil ist die Hauptquelle für die Geschlechtsidentifikation. Vor allem in frühen Kindheitsjahren wird durch eine gute, heile Beziehung zum gleichgeschlechtlichen Elternteil die eigene Geschlechtsrolle positiv angenommen und bestätigt.

Bei einem Vertrauensbruch in dieser Beziehung beginnt sich ein Kind innerlich zurückzuziehen und errichtet eine unsichtbare Schutzmauer, eine emotionale Entfremdung. Es mißtraut dem Elternteil und entwickelt auch ein Mißtrauen sich selbst als einem geschlechtlichen Wesen gegenüber, es lehnt sich selbst ab.

Die Bestätigung durch den **gegengeschlechtlichen Elternteil** ist ebenfalls äußerst wichtig. Sie gibt dem Kind ein Wertgefühl und die Fähigkeit, zum andern Geschlecht gute Beziehungen eingehen zu können. Ein Mädchen entfaltet sich durch den Stolz und die Liebe des Vaters zu seiner Tochter und ein Junge durch die Freude der Mutter an ihrem Sohn.

Die Grenzen müssen aber klar gewahrt werden: Der Erwachsene darf dieses Kind nicht als Partnerersatz mißbrauchen, darf sich ihm nicht mit verführerischen sexuellen Absichten nähern.

Heilung der Sexualität und der Beziehung zu sich selbst haben deshalb auch etwas zu tun mit Vergebung den frühen Bezugspersonen gegenüber und der Bitte um Vergebung für eigene Fehlreaktionen. Heilung, wo andere an mir schuldig wurden, wo ich Opfer bin.

Es fällt frommen Menschen oft schwer, die Elternbeziehung durchzugehen und die Verletzungen, den Mangel der Kindheit beim Namen zu nennen. Wir entschuldigen unsere Eltern mit dem Wort: »Sie haben es doch gut gemeint und getan, was sie konnten!« Oder das wichtige Gebot: »Ehre Vater und Mutter« hindert uns daran, über ihre Fehler zu sprechen.

Das Ziel ist aber nicht, Sündenböcke zu suchen oder Schuld abzuschieben, sondern ganze Vergebung anzunehmen, auszusprechen und in eine echte versöhnte, freundschaftliche Beziehung zu den Eltern zu kommen. Die Eltern echt zu ehren wird dort möglich, wo Versöhnung geschieht. Dies ermöglicht uns auch einen erneuten Zugang und Befreiung zu unserem Mann- oder Frausein.

Wir haben die Möglichkeit, aus falschen Prägungen und Lebensmustern herauszutreten, uns mit Vorbildern, die uns negativ beeinflußt haben, auseinanderzusetzen und uns ein neues Bild von Gott her zeigen zu lassen, das dem Leben dient.

Wir sind nicht dem negativen Erbe unserer Familiengeschichte ausgeliefert. 1. Petr 1, 18 sagt deutlich, daß das Blut Jesu Christi uns freigekauft hat von der zerstörerischen Erbschaft, die wir übernehmen mußten von unseren Vorfahren.

Das gilt auch für die Okkultschuld, die in einer Familiengeschichte da sein kann und in Hurerei und Abgötterei, in pervertierte Sexualität führen kann. Das gilt auch für jeden Fluch über der Sexualität.

Aber ich brauche auch Heilung, wo ich mir selber Schaden, Verletzungen zugefügt habe, wo ich Täter bin und mich mein Gewissen verklagt.

Das Schlimme bei sexueller Sünde ist, daß sie so verheimlicht und versteckt wird, und wir uns zutiefst schämen.

Die Wahrheit macht frei. Wer es wagt, aus dem finsteren Versteck der Heimlichkeit herauszutreten und sich im Licht Gottes vor einem Bruder/einer Schwester offenbart, der erfährt die übergroße Gnade Gottes, die nicht verurteilt, sondern vergibt, befreit und heilt.

Bild-Meditation

Nur wenige Geschichten der Evangelien treffen so in den Kern unseres menschlichen Seins, schildern in so umfassender Weise unsere Situation, wie das die Geschichte von den beiden verlorenen Söhnen tut. Hier können wir uns alle irgendwie »punktgleich« wiederfinden.

Und selten hat ein Künstler eine biblische Geschichte so treffend, packend und bis in die Details übertragbar gemalt, wie das Rembrandt mit dieser Geschichte gelungen ist. Es ist wohl deshalb so gelungen, weil er hier die entscheidenden Erfahrungen seines eigenen Erlebens hineinverwoben hat.

Aus: Hidde Hoekstra (Hrsg.), Die Rembrandt-Bibel, Bd. 2, S. 49,
Hänssler

Hier in diesem Bild begegnen wir Rembrandt »pur« — begegnen wir uns »pur« — begegnen wir dem himmlischen Vater »pur«!

Und ich lade uns ein, dieser Begegnung standzuhalten, sich ihr bewußt auszusetzen — mit allen Konsequenzen!

— — —

Und nun knie ich vor dir, Vater, und berge meinen Kopf an deiner Brust. Meine Augen drücke ich in die Weiche deines Gewandes und verberge so meinen Blick vor deinem Anblick.

Wie sollte ich dir in die Augen schauen können?

Wie sollte ich es dir zumuten, in Augen zu sehen, die den Schmutz der Seele und die Unreinheit der Phantasie widerspiegeln?

Meinen Leib habe ich geschändet – und geschändete Leiber anderer haben ihn berührt.

Was zur reinen Freude mir geschenkt war, habe ich in gieriger Lust mißbraucht.

Was schamvoll tiefste Erfüllung hätte sein können, habe ich schamlos in den Dreck gezogen.

Gefühle, die den mannigfachen Reichtum eines Mannes/ einer Frau ausmachen, habe ich schmählich zertreten und zerstört.

Meine Hände, die früher den Schmutz ehrlicher Arbeit scheuten, haben im Schmutz sündiger Lust gewühlt.

So knie ich vor dir, Vater, und berge meinen Kopf an deiner Brust!

— — —

Und ich stehe in kühler Distanz zu dir, Vater. Meine Korrektheit verbietet mir, näher zu treten – und selbstverständlich auch dieser Ausbund von Verdorbenheit, der sich an deine Brust drängt.

Mit geradem Rücken stehe ich bei dir. Nie habe ich mich gebeugt vor dem Anspruch der schnöden Lust. Wer kann mich einer Sünde zeihen?

Mit offenem Blick kann ich dir in die Augen schauen, denn deine Gebote habe ich alle gehalten von meiner Jugend an.

Gefühle habe ich nicht viel gezeigt – ein Mann muß sich beherrschen können.

Meinen Leib habe ich reingehalten und Gefühle der Lust und Triebe der Begierde souverän unterdrückt: » Wie sollte ich auch ein solch groß Übel tun und wider meinen Gott sündigen?«

Meine schmutzigen Hände kann ich getrost zeigen. Sie tragen nur Spuren ehrlicher Arbeit.

Ich habe keine Hure aufgesucht und habe keine Frau im Stich gelassen. Ich habe nicht meinen Leib geschändet und für schmutzige Phantasien fehlte mir die Zeit.

So stehe ich nun in kühler Distanz zu dir, Vater, und kann frei deinem Blick begegnen!

– – –

Die Antwort des Vaters an seine beiden Söhne — an alle Söhne und Töchter — hat Rembrandt in wortloser Eindringlichkeit dargestellt. Wir müssen nur die Hände betrachten, die der Vater auf die Schultern des Sohnes legt.

Henry Nouwen hat in dem Band: »Nimm sein Bild in dein Herz« dazu geschrieben: »Die beiden Hände sind ganz verschieden. Die linke Hand des Vaters, die auf der

Schulter des Sohnes ruht, ist kräftig und muskulös. Die Finger sind gespreizt und bedecken einen großen Teil der Schulter und des Rückens des Sohnes. Ich kann einen gewissen Druck, besonders beim Daumen erkennen. Diese Hand scheint nicht nur zu berühren, sondern mit ihrer Kraft auch zu halten. Auch wenn eine Zärtlichkeit darin liegt, wie die linke Hand des Vaters seinen Sohn berührt, so geschieht es nicht ohne einen festen Griff.

Wie anders ist die rechte Hand des Vaters! Diese Hand hält nicht und greift nicht. Sie ist feingliedrig, sanft und sehr zärtlich. Die Finger liegen eng aneinander und wirken elegant. Die Hand liegt weich auf der Schulter des Sohnes. Sie will streicheln, liebkosen, Tröstung und Wohlbehagen schenken. Es ist die Hand einer Mutter.«

– – –

Meine lieben Söhne und Töchter!
Ob ihr steht oder kniet, ob ihr nahe oder ferne seid, ob ihr
elend oder ehrenhaft gekommen seid –
ich sehe nicht auf eure Hände oder Füße, nicht auf euern Leib.
Hände kann man waschen und mit einem Ring zieren.
Füße kann man salben und mit Schuhen schützen.
Leiber kann man reinigen und mit Festgewändern kleiden.

Ich suche euer Herz!
Das verzagte Herz, das vor Versagen schmachtet,
und das stolze Herz, das in Überheblichkeit verachtet.

Ich suche dein Herz – denn mein Herz sehnt sich nach dir.
Das schwache Herz will ich stärken, daß es fest werde.
Das stolze Herz will ich lieben, daß es weich werde.

*Wie kann ich dir mein Herz zeigen, mein Sohn, meine
Tochter?*

*Sieh meine Hände an, und du siehst mein Herz!
Dein Name ist in meine Hände gezeichnet. Ich habe dich lieb!
Meine Hände sind gezeichnet von den Wundmalen der Nägel.
Sie sagen dir: Ich habe dich erlöst und du darfst heil werden!*

*Heil von den Verletzungen der Seele,
heil von den Schändungen deines Leibes,
heil von der Härte deines stolzen, selbstgerechten Wesens.*

*Meine Hände reden von der Zartheit meines Erbarmens. Sie re-
den von Annahme und Nähe, von Zuwendung und Innigkeit.
Sie drücken dich mit sanfter Gewalt an mein Herz. Hier ist
Raum für deine Verletzungen und für deine Verhärtungen.
Meine Hände halten dich, den Knienden, und dich, den Ste-
henden, den Heimgekehrten und den Daheimgebliebenen.
Mein mütterliches Herz spricht: Wie freue ich mich, mein
Kind – denn du warst tot und bist lebendig geworden.
Und mein väterliches Herz spricht: Auch du warst tot, doch
du sollst leben. Leben aus der Fülle, »denn alles, was mein ist,
ist auch dein«.*

*Meine Söhne und meine Töchter.
Ich habe mein Herz in den Händen. Und diese Hände sind
offen für euch.
Offen zum Segnen,
offen zum Heilen!*

(Dieter Theobald)

»Keifende Weiber — kneifende Männer!«

(Von Erwartungen, Forderungen und Rückzug in der Ehe)

Über das sachliche Unterthema »Von Erwartungen, Forderungen und Rückzug in der Ehe« haben wir diese eher provozierende und herausfordernde Formulierung gestellt: »Keifende Weiber — kneifende Männer!«

Manche mag das schockieren oder gar abstoßen, andere finden das sehr einseitig und wertend, wieder andere mögen es als klischeehaft und verallgemeinernd empfinden.

Und Sie haben alle recht!
Es ist wirklich überspitzt!
Es ist wirklich provozierend!
Es ist auch klischeehaft!

Aber in dieser Zuspitzung wird eine Problemstellung beleuchtet, die in unterschiedlichen Variationen in vielen Ehen zutage tritt. Es braucht darum das Spotlight der Übertreibung, damit wir im Spiegel des Ehealltags besser die Stellen erkennen können, die sich immer wieder zu Eiterherden entwickeln.

Um das ganz praktisch zu machen, möchten wir Ihnen ein Beispiel aus einer Ehe skizzieren:

Stefan war stolz auf seine junge Frau Anita, die nun nach der Hochzeit ihren Platz im Haus einnahm, den Haushalt führte und ihm gute Hilfsdienste leistete in der Schreinerwerkstatt.

Sie liebte ihren Mann. Seine herzensgute Art, sein fröhliches Wesen machten es ihr leicht, mit ihm zu leben. Sie empfanden sich als Geschenk und ideale Ergänzung. Anita begriff schnell, war tüchtig und hatte ein Gespür für das Geschäft. Immer größer wurde ihr Aufgabenbereich; zum Haushalt und den vier Kindern kamen die Büroarbeiten dazu: Telefonate, Offerten und Rechnungen schreiben, die ganze Buchhaltung. Sie stöhnte zwar oft über dem allem, aber im Grunde genommen machte es ihr viel Freude.

Aber bald zeigten sich Beziehungsschwierigkeiten. Stefan hatte sich so verändert. Er zog sich immer mehr zurück, arbeitete viel zu viel. Zu den Kindern suchte er zwar immer wieder den Kontakt, versprach z. B., an einem warmen Sommerabend mit ihnen an den See zu gehen zum Boot fahren. Aber dann kam meistens wieder etwas dazwischen, und die Kinder wurden sauer.

Anita reagierte dann mit Vorwürfen: Du willst nur nicht. – Nie hältst du deine Versprechen. – Du machst dich schuldig an deiner Familie. – Alles überläßt du mir. Ich schleppe mich halb zu Tode mit dem Familienwagen. In dir habe ich keine Stütze, du bist wie ein fünftes Kind, das mitversorgt werden muß. Du bist kein richtiger Mann. In der Gemeinde stehst du vorne und teilst das Abendmahl aus, und daheim bist du ein totaler Versager. Du solltest dir ein Beispiel nehmen an Thomas Müller,

*wie der mit seiner Familie umgeht und ein Führer ist. Du
müßtest halt auch einmal ein Seminar besuchen, damit du
weiterkommst...*

*Er kannte alle diese Sätze in- und auswendig und wußte,
daß sie stimmten. Aber er war wie gefangen in seiner passiven
Rolle. Die einzige Überlebenschance, die ihm dieser überfordernden und erdrückenden Frau gegenüber blieb, war der
innere Rückzug. Das war sein Widerstand.*
*Er fühlte sich unverstanden, ausgenutzt, verachtet, be-
herrscht.*
*Sie litt sehr unter dem Rückzug und dem passiven Verhalten
ihres Mannes. In ihrer Hilflosigkeit und Enttäuschung wurden ihre Umerziehungsversuche immer massiver und die
Zornesausbrüche heftiger. Je lauter sie wurde, desto stiller
wurde er.*
So kamen sie zu uns in die Beratung. (Die Namen sind
selbstverständlich verändert!)

Wir stellen uns die Frage: Wie kommt es, daß zwei Menschen zusammenfinden, sich lieben und es als das größte
Glück erleben, sich gefunden zu haben — und trotzdem
nach kurzer Zeit erhebliche Schwierigkeiten und Spannungen auftauchen?

Uns allen ist die alte Lebensweisheit bekannt: Gegensätze
ziehen sich an! Ohne daß man sich dies bewußt macht,
sucht man den Partner, der eine Ergänzung bedeutet.

Dieses Bedürfnis nach Ergänzung entspringt dem tiefen
Wissen: Ich bin unvollkommen, ich bin einseitig. Mir feh-
len gewisse Aspekte, die mein Menschsein — mein Mann-

oder Frausein — abrunden und ausgewogener machen.
»Nobody is perfect!«

Daß dieses Bedürfnis nach Ergänzung aber nicht nur von
positiven Überlegungen bestimmt wird, sondern auch sehr
unterschiedliche und unterschwellige Beweggründe und
Ursachen hat, mag uns zwar theoretisch bekannt sein — in
der Wirklichkeit der konkreten Partnerwahl geht das aber
oft unter.

Was schwingt denn da mit?

Reinhold Ruthe hat in einer Aufzählung das recht scho-
nungslos dargestellt. Er sagt:
»Starke Partner suchen schwache,
Tyrannen ziehen Sklaven an,
Sadisten gesellen sich zu Masochisten,
Dominante wählen Anlehnungsbedürftige,
Überlegene finden Unterlegene,
Unselbständige fliegen auf Selbständige,
Angeber leben auf Kosten der Mauerblümchen,
Kopftypen bevorzugen Herztypen,
Introvertierte mögen Extravertierte,
Schweigsame die Gesprächigen.«
(Reinhold Ruthe, Mimosen und Dickhäuter; Brendow,
1993, S. 7-8)

Die Motive der Anziehung bilden gleichzeitig den Ursprung der Konflikte. Oder anders ausgedrückt: Der Punkt
der größten Anziehung wird später zum größten Konflikt-
grund!

Wir bringen uns nicht als »unbeschriebene Blätter« in eine Ehebeziehung ein. In unserem Stammbuch stehen neben wichtigen Aussagen auch unwichtige, neben richtigen Bemerkungen auch falsche. — Da muß man auch zwischen den Zeilen lesen! Und unübersehbar sind die verschiedenen Kleckse! — Die bringen wir mit!

Unsere Kindheit — die Prägung durch Eltern, Verwandte, Nachbarn, Lehrer etc. —, hat Spuren hinterlassen und uns zu einem Lebensstil geführt und veranlaßt, der sich diesen Umständen angepaßt hat. Wir haben uns alle arrangiert, haben eine Rolle übernommen, eine Rolle, die uns entsprach oder entgegenkam oder einfach »noch frei« war.

So waren oder »spielten« wir:

das brave oder böse
das lustige oder ernste
das stille oder laute
das einfache oder komplizierte
das willige oder aufmüpfige
das lenkbare oder störrische Kind!

Diese Rollen ergaben sich aus der Geschwisterkonstellation oder der Beziehung zu einem Elternteil. Und daraus wurde unser Lebensstil, den wir in die Ehekonstellation eingebracht haben.

Stefan hatte z. B. eine liebe Mutter, die in großer Selbstverständlichkeit sich für die Familie aufopferte. Sie half allen, tat alles. Stefan mußte nur die Lippen bewegen oder mit den Augen rollen – sie rannte und half. Später gesellte sich seine ältere Schwester dazu, die auch »zur Verfügung« stand.

Warum, so mag sich Stefan unbewußt gefragt haben, sollte Anita nicht die Linie fortsetzen? Diese Rolle war doch äußerst bequem und angenehm für ihn.

Es ist ein eigentliches Muster der Verwöhnung, »Prinzenrolle«.

Dieses Lebens- und Beziehungsmuster ist aber nicht das Eigentliche. Es ist sozusagen ein Sekundärmuster. Darunter, etwas verborgen und versteckt und fromm kaschiert, befindet sich das eigentliche Lebensmuster.

Schauen wir nochmals in die Familie von Stefan: Seine Mutter hatte mit dieser hilfsbereiten Art die ganze Familie beherrscht. Sie gab den Ton an und regierte. Nicht mit harter Faust, sondern mit den feinen Händen der Marionettenspielerin.

Ihr Mann hatte sich schon längst dieser Herrschaft entzogen. Als schweigsamer Mann ging er seiner Arbeit nach, immer in gebührender Distanz zur »Regierung« im Hause.

Dieses Verhalten des Vaters hat Stefan geprägt. Seine Frau Anita war zwar keine Herrscherin, aber als aktive Frau wurde sie nun von Stefan nahtlos in das Mutterbild eingefügt: eine Frau, die überall hilft und die regiert! Am besten also: Ich gehe auf Distanz!

Was uns hier in dieser Familie begegnet, ist kurz gesagt: das Muster von Beherrschen und Rückzug!

Dies ist eines der verbreitetsten Beziehungsmuster, wenn es auch in verschieden abgestuften Nuancen vorkommt:

- Die relativ normale Variante, wo eine begabte Frau und Mutter organisiert und führt, weil der Mann beruflich bedingt oft abwesend ist. Wenn diese Form nicht in geistlicher Weise und in partnerschaftlicher Absprache geschieht, können da bereits für die Kinder falsche Bilder und Prägungen entstehen.

- Eine dominante Frau und Mutter, die oftmals sich in Situationen durchsetzt, wo der Partner noch gar nicht Gelegenheit hatte, seine Position und Meinung zu äußern. – Dieses Bild bewirkt bereits bei den Kindern ein massives Ungleichgewicht.

- Die Extrem-Variante: Der Hausdrache, der alle und alles ver-regiert. Der Mann erzeigt sich meist als schwache Persönlichkeit, als Pantoffelheld oder Schlappschwanz.

Nun staune ich, daß Sie, liebe Frauen, nicht schon längst aufgesprungen oder mir sogar an den Hals gesprungen sind!

Es ist doch ein recht einseitiges Bild, das da entstanden ist: diese böse, beherrschende Frau – und der arme, unterdrückte Mann!

Dieses Bild ist wirklich nur die eine Seite der Medaille. Sie hat eine Kehrseite oder ein Pendant dazu.

In der Fortsetzung unserer Geschichte finden wir das klassische Beispiel dafür:

Anita war in einem Elternhaus aufgewachsen, wo der Vater eher unbeherrscht war, jähzornig reagierte, eine strenge Kontrolle ausübte. Alle hatten eigentlich Angst vor ihm. Die Mutter dagegen war eine still duldende Frau, eine unbezahlte Haushaltshilfe. Sie hat oft vor sich hingeweint. Die Kinder verzogen sich verängstigt ins Zimmer und litten mit der Mutter, wenn der Vater seine Auftritte hatte. So entstand ein unausgesprochenes Leidens- und Zusammenhalts-Bündnis zwischen der Mutter und den Kindern.

Anita hat nun nicht die Rolle der Mutter übernommen. Das war ihr nicht erstrebenswert. Selbstverständlich wollte sie auch nicht werden wie der Vater, das auf keinen Fall! In ihrem Herzen aber verachtete sie beide: Mutter und Vater.

Durch die Erfahrungen im Elternhaus und durch ihre Verachtung der Eltern wurde es ihr nicht möglich, ein gesundes Frauen- und Männerbild zu gewinnen. Es war so etwas wie ein Vakuum entstanden. Das beeinflußte auch die Situation in ihrer Ehe mit Stefan. Sie wollte nicht in die Herrscherrolle verfallen, aber auch nicht in die Sklavenrolle. Diese Verunsicherung belastete ihre Ehe.

Vordergründig kann man diese Beziehungsmuster von Beherrschen und Rückzug zurückführen aufs Elternhaus oder auf die vorangegangenen Generationen.

Doch die Wurzeln und der Ursprung sind damit noch nicht erfaßt. Wenn wir uns dem stellen wollen, müssen wir zurück zum Bericht über den Sündenfall. Dort finden wir die falsche Weichenstellung. Wir treffen dort auf die gestörten, zerstörten und durcheinandergeworfenen Beziehungsmuster:

- gegenüber dem Schöpfergott und Vater
- gegenüber dem Partner und Mitmenschen

Das Fehlverhalten von Mann und Frau, das wir jetzt mit den beiden Worten »Beherrschen« und »Rückzug« bezeichnet haben, wird uns in 1. Mose 3 aufgezeigt als:

- Das Begehren der Frau nach mehr Verantwortung.
- Das Bestreben des Mannes, Verantwortung abzuschieben.

1. Mose 3, 6: *»Und das Weib sah, daß von dem Baum gut zu essen wäre und daß er eine Lust für die Augen wäre und*

verlockend, weil er klug machte. Und sie nahm von der Frucht und aß und gab ihrem Mann, der bei ihr war, auch davon, und er aß.«

Eva eignet sich hier eine Entscheidungsverantwortung an, die ihr nicht zustand.

1. Mose 3, 12: *»Da sprach Adam: Das Weib, das du mir zugesellt hast, gab mir von dem Baum, und ich aß.«*

Adam schiebt die Schuld für die Tat auf seine Frau und entzieht sich damit der Verantwortung, die er vor Gott auch für Eva hatte, und die er nicht wahrgenommen hatte.

Anmaßung von Verantwortung und Abschieben von Verantwortung ist seither die spezifische Versuchlichkeit von Mann und Frau!

Sie führen bis heute immer wieder zu den geschilderten Situationen von »Beherrschen und Rückzug«.

Als Folge des Sündenfalles sagt Gott zu Eva: *»Ich will dir viel Mühsal schaffen, wenn du schwanger wirst; unter Mühen sollst du Kinder gebären. Und dein Verlangen soll nach deinem Mann sein, aber er soll dein Herr sein.«*

Und zu Adam: *»Weil du gehorcht hast der Stimme deines Weibes und gegessen von dem Baum, von dem ich dir gebot und sprach: Du sollst nicht davon essen –, verflucht sei der Acker um deinetwillen! Mit Mühsal sollst du dich von ihm nähren dein Leben lang.*

Dornen und Disteln soll er dir tragen, und du sollst das Kraut auf dem Felde essen.

Im Schweiße deines Angesichts sollst du dein Brot essen, bis du wieder zu Erde werdest, davon du genommen bist. Denn du bist Erde und sollst zu Erde werden.«

Hier stoßen wir auf die Gründe, die dazu führen, was unser Hauptthema aussagt: »Keifende Weiber — kneifende Männer!«

Als Folge der Sünde wird die Frau von einem Sehnen und Verlangen nach dem Manne bestimmt, das irgendwie über das »Normalmaß« hinausgeht. Es ist ein starkes, intensives, gefühlsmäßiges Verlangen nach dem Manne, das der Mann in dieser starken und konzentrierten Weise nicht erfüllen kann.

Hier spielt eben der Bruch der Sünde in die Beziehung von Mann und Frau hinein.

Die Unterordnung der Frau unter den Mann, die mit den Worten angedeutet ist: »... *aber er soll dein Herr sein*«, müssen wir in diesem Zusammenhang als »Notordnung nach dem Sündenfall« verstehen. Durch die gestörte Beziehung zu Gott und zum Partner wird diese »Notordnung« zur Not, die nicht ordnet, sondern viel Leid und Tränen, viel Gegeneinander, viel Haß und Verachtung anrichtet.

Männerhaß, Frauenhaß, Rivalität und Konkurrenz, Gewalt und Manipulation, Unterdrückung und Rebellion, Verweigerung und Flucht sind einige Stichwörter aus der heutigen Beziehungsnot zwischen Mann und Frau.

Da kommen wir nochmals zur Kehrseite der Medaille: der Mann, der seine Frau beherrscht und unterdrückt, der Macht ausübt und Kontrolle praktiziert.

Wahrhaftig — es ist unendlich viel durcheinander geraten durch die Sünde. Und wir sind mitten drin im Erleben ihrer Folgen!

Das Ungleichgewicht, die Ungerechtigkeit in der Beziehung zwischen Mann und Frau hat sich in allen Völkern und Rassen durch alle Jahrhunderte notvoll ausgewirkt.

In vielen Kulturkreisen und Sozialstrukturen hat die Vorrangstellung des Mannes zur Ausgestaltung des Patriarchats geführt. D. h. es herrscht das Vaterrecht. Die Vererbung von Eigentum und Namen wird vom Vater auf den Sohn übertragen. Die Staatszugehörigkeit, der Bürgerort richtet sich nach dem Mann. Die Frau ist im Patriarchat weniger wert.

Dann gibt es Völker mit einer matriarchalischen Struktur. Im Matriarchat hat die Frau die Vorrangstellung, das Mutterrecht bestimmt, und der Mann wird unterdrückt. Bei beiden Formen findet eine Unterdrückung statt. Und wo Unterdrückung ist, erwacht immer der Schrei nach Emanzipation, ja die Emanzipation ist dann nötig.

Emanzipation — dieses Wort stammt aus dem römischen Recht und bezeichnet die Entlassung des erwachsenen Sohnes aus der väterlichen Gewalt. Er wird selbständig.

Nur, leider, beobachtet man fast durchwegs bei politischen und gesellschaftlichen Befreiungsversuchen, daß nachher nicht das gute Miteinander von Gleichwertigen und Gleichberechtigten gelebt wird. Aus den Befreiten werden wieder Unterdrücker, die sich rächen. Der Teufelskreis von Unterdrückung, Rebellion, Aufstand, Rache geht weiter.

Gott hat aber von sich her einen völlig neuen Weg gebahnt. Er hat den Teufelskreis durchbrochen und eine neue Art des Miteinanders möglich gemacht. Er hat an seinem Sohn Jesus die Strafe für die Sünde und Schuld vollzogen und eine neue Ordnung, die Erlösungsordnung, geschaffen.

Die Erlösungsordnung knüpft wieder bei der ursprünglichen Schöpfungsordnung an, beim Grundgedanken Gottes, der Mann und Frau gleichwertig und gleichberechtigt in ein Miteinander berufen hat und sie eins macht. Dieses Einssein gilt nicht nur für die sexuelle Beziehung, sondern ist auch ein Einswerden der Herzen. In dieser Ergänzung, wo der Mann mit den Gaben des Mannseins der Frau dient, sie unterstützt, herausfordert und fördert — und die Frau dem Mann dient durch die Gaben des Frauseins, spiegeln sie gemeinsam Gottes Ebenbild auf dieser Erde wieder.

Die Ehe, das Miteinander von Mann und Frau, ist ein Zeugnis von Gottes Wesen und Art in dieser Welt. Durch den Glauben an den stellvertretenden Tod Jesu am Kreuz von Golgatha und seine Auferstehung ist die Möglichkeit geschaffen, unsere Ehen auf der neuen Grundlage, der Erlösungsordnung, zu leben. Der Vater im Himmel hat uns den Heiligen Geist gesandt, der in der Ehe als Herzensverbinder und -erneuerer wirkt. Er zeigt uns den rechten Weg und tröstet uns. Wir dürfen ihn in unsere Beziehung einladen. Der Heilige Geist öffnet uns die Augen für die Wahrheit. Er macht uns fähig, Gottes Ordnungen und Prinzipien zu erkennen, die unsere Ehe gelingen lassen.

Lassen Sie sich schocken: Gottes Befreiungsprinzip heißt: **Unterordnung**!

Wohlverstanden: nicht Unterdrückung!

Unterdrückung hat es mit Forderungen, Erwartungen, Hineinpressen in ein Bild nach dem eigenen Gutdünken zu tun. Hier herrschen die Worte: du solltest und müßtest! Wer Unterordnung von andern fordert, unterdrückt bereits. Denn: Unterordnung ist freiwillig. Ich anerkenne eine Ordnung und stelle mich darunter. Unterordnung hat in der Bibel nichts Kriecherisches, Anrüchiges an sich. Sie ist liebevolle Hingabe und Höherachtung des andern. Sie geschieht in Würde und Freiheit. So, wie der dreieinige Gott es uns selber vorlebt! Jesus sagt von sich selbst: *»Der Sohn kann nichts von sich aus tun, sondern nur, was er den Vater tun sieht; und was dieser tut, das tut gleicherweise auch der Sohn«* (Joh 5,19).

Und vom Vater: *»Der Vater hat alles Gericht dem Sohn gegeben, damit alle den Sohn ehren, wie sie den Vater ehren«* (Joh 5, 22.23).

Und der Heilige Geist wiederum weist hin auf Jesus. Alle drei Personen der Gottheit sind gleichwertig und gleichberechtigt, aber sie dienen einander in Liebe.

Diese innere Herzenshaltung des Einander-dienens und Untertanseins ist gemeint mit dem Wort **Unterordnung**. Es ist ein göttliches, wichtiges Prinzip. Es enthält die Bereitschaft, einander den Platz zu geben, der jedem zusteht, einander Raum zur Entfaltung zu schaffen, aufeinander zu hören, Anteil zu nehmen am Ergehen und Leben des andern. Jeder hat sich das Wohl des andern zum Ziel gesteckt.

Gegenseitige Unterordnung ist ein Lebensprinzip, das uns beziehungs- und liebesfähig macht.

Es geht jetzt nicht um eine neue Gesetzlichkeit, eine Rollenzuordnung, die Mann und Frau in ein biblisches Schema pressen will. Es geht vielmehr darum, daß wir mit dem Herzen der Grundordnung Gottes zustimmen und bereit sind, unsere Berufung, unseren Platz als Mann und Frau anzunehmen.

Auch in der Ehe soll jeder mit der Gabe dienen, die er empfangen hat. Ergänzung ist gefragt. Die Verschiedenartigkeit macht es spannend herauszufinden, wie wir Gottes Ordnung in unserer Situation leben können.

Der Mann ist das Haupt (1. Kor 11, 3). Wenn wir das hören, steigen in uns Patriarchen- oder Tyrannenbilder von Männern auf, die über ihre Frauen und Familien herrschten, sie mißbrauchten. Aber das ist ein Zerrbild von »Hauptsein«. Jesus hat uns das neue Bild von Hauptsein vorgelebt. Er ist das Vorbild, das Beispiel für Männer, wie sie ihr Hauptsein leben können, wie sie lieben sollen.

Jesus beginnt heute bei kneifenden Männern, die sich am liebsten zurückziehen und der Frau die Verantwortung für die Familie und Beziehungen übergeben. Er spricht kneifende Männer an: Bist du bereit, aus dem alten Lebensmuster herauszutreten und deine eigentliche Berufung als Haupt anzunehmen? Stehe auf, ich möchte dich befähigen und freisetzen, damit du als Mann einsteigen kannst in die Verantwortung, in die Führung deiner Familie. Ich will deine Enttäuschungen heilen, dich von der Bitterkeit und Resignation befreien. Gib mir dein Herz, damit ich es erneuern kann. Du sollst ein Mann werden, der in Liebe vorangeht und aus Liebe dient.

Jesus beginnt heute bei keifenden Frauen, die aus lauter Enttäuschung und Resignation in eine dominante Rolle gekommen sind, wo sie den Mann und die Familie manipulieren und beherrschen. Er spricht: Ich verstehe dich. Du wolltest nur das Gute für alle. Ich biete dir aber das Beste an, einen neuen Platz in der liebenden Zuordnung zu deinem Mann. Gib mir dein hartgewordenes Herz, hinter dem sich Verachtung, Enttäuschung und Bitterkeit verstecken. Ich rühre es an und mache es weich. Ich schenke dir eine neue Achtung, ein neues Vertrauen, herzliche Liebe zu deinem Mann. Du darfst ihn noch einmal neu annehmen und dich ihm in Hingabe verschenken.

Gottes Ziel mit euch ist, daß ihr euch einander durch Liebe und Achtung unterordnet, eins werdet und dadurch Frucht bringt. Gottes Ziel ist ein echtes Miteinander und Füreinander, gemeinsam gestaltetes und geteiltes Leben. Dort, wo wir uns einander unterordnen, entstehen die besten Chancen für einen partnerschaftlichen Ehestil, weil beide bereit sind, etwas zum Gelingen der Ehe beizutragen. Wer seine Ehebeziehung im Geiste des Neuen Testamentes leben möchte, merkt, daß dies nur möglich ist, wenn ihm die Beziehungspflege, der gemeinsame Dialog zu einem Herzensanliegen wird. Die Meinung des Mannes, der Frau wird wieder gefragt und ernstgenommen. Entscheidungen werden gemeinsam durchgedacht und getroffen.

Die Veränderung eingeschliffener Lebensmuster geschieht selten von einer Stunde auf die andere. Was über Jahre gewachsen ist, braucht meistens auch Zeit zur Veränderung. Es braucht die Schritte:

- des Erkennens
- des Bekennens (um Vergebung bitten für falsches Verhalten)
- des neuen Zieles oder einer Vision für unsere Ehebeziehung
- der Umkehr
- des Einübens der kleinen Schritte hin zum Ziel.

Am Beispiel von Anita und Stefan wird es deutlich, wie diese Schritte in der Praxis ungefähr aussehen könnten:

Erkennen

Beide konnten ihre Situation, unter der sie litten, beschreiben, und sie erkannten den Teufelskreis, in dem sie gefangen waren.

1. Sie fordert
2. Er bekommt Angst
3. Sie schreit
4. Er zieht sich zurück
5. Sie schreit lauter
6. Er schweigt und kommt nicht mehr in die Wohnung

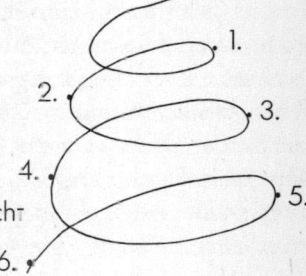

Bekennen

Stefan erkannte seinen Rückzug als Schuld. Er war vor der Auseinandersetzung mit Anita in die Arbeit geflohen und hatte ihr zuviel Verantwortung überlassen. Deshalb bat er vor Jesus und vor Anita um Vergebung für seinen äußeren und inneren Rückzug, für das Abschieben der Verantwortung, dafür, daß er sie allein gelassen hatte.

Anita sah ihren Schuldanteil. Sie hatte, ohne es richtig zu merken, auf allen Gebieten die Verantwortung übernommen und war ihrem Mann als fordernde und anklagende Herrin begegnet. Sie hatte ihm das Steuer aus der Hand genommen und machte ihm doch dauernd Vorwürfe, daß er das Familienschiff nicht richtig lenke. Sie bat Jesus und Stefan um Vergebung für den Übergriff in seinen Verantwortungsbereich, für ihr Mißtrauen, für den Hochmut, daß sie es besser könne als er.

Beide haben erfahren, daß durch die Vergebung der Schuld neue Schritte zueinander hin möglich sind.

Ein neues Ziel für die Ehebeziehung

Gott möchte, daß Mann und Frau miteinander eins werden und gemeinsam den Auftrag erfüllen. Ihr Einssein soll von gegenseitiger Unterordnung bestimmt sein. Die Frau ordnet sich ihrem Mann durch Achtung unter, der Mann ordnet sich seiner Frau durch Liebe unter.

Dazu müssen sie sich gegenseitig in ihrer Verschiedenartigkeit akzeptieren und annehmen, eine Ergänzung werden. Anita darf die dynamische Geschäftsfrau sein. Aber sie stellt ihre Gabe in den Dienst des Miteinanders. Stefan darf der hilfsbereite, aber nicht so geschäftstüchtige Mann sein. Er ist trotzdem das Haupt. Seine Gaben sind in einer anderen Ecke angesiedelt. Sein innerer Schatz muß erst noch erkannt und gehoben werden. Er wird seiner Frau, seiner Familie mit seinen Gaben dienen lernen. Anita muß ihm dafür Platz schaffen und ihm beim Entdecken mithelfen und ihn bestätigen in seinen Gaben.

Umkehr

Stefan hat sich im Namen Jesu von seiner Versagerrolle und seinem Fluchtweg in die Arbeit verabschiedet und sich entschieden, daß er sich neben Anita stellen will. Gemeinsam mit ihr will er das Steuer übernehmen, mit ihr besprechen und sich einbringen.

Anita ist von ihrem Thron gestiegen und hat Stefan Platz gemacht. Sie will sich ihm anvertrauen und ihn unterstützen. Er darf auch Erfahrungen machen und durch Fehler lernen, ohne daß sie ihn verachtet und zur Seite schiebt. Sie gestattet ihm, daß er es auch anders machen darf als sie. Sie wird ihn trotzdem dabei unterstützen und zu ihm stehen.

Einüben der kleinen Schritte zum Ziel

Verstehen Sie, daß das eine schwierige Zeit der Umgewöhnung mit sich bringt? Man macht Fehler und ist dauernd in der Gefahr, ins alte Muster zurückzufallen. Stefan konnte ja noch gar keinen Führungsstil bei sich ausbilden, und die Kinder stehen einer Veränderung im Familiensystem auch eher kritisch gegenüber.

Aber es ist wichtig, daß das Vakuum ausgehalten wird, daß man bei Fehlern nicht gleich wieder ins alte Muster zurückgeht.

Wir haben den beiden ein Übungsheft gegeben, in das sie Fehler, Enttäuschungen, Wünsche, Bedürfnisse eintragen können, um sie dann miteinander zu besprechen. Humorvoll sollen sie weiterüben! Es ist noch kein Meister vom Himmel gefallen, aber den Aufrichtigen läßt es Gott gelingen!

Die hohen Erwartungen sind die Mörder der kleinen Hoffnungen

Sind Träume nur Schäume?

Im Zug sitzt mir ein junges Mädchen gegenüber, ganz vertieft in ein Buch. Beim Umblättern sehe ich das Titelbild: ein sportlicher, hübscher Mann, der eine langhaarige Brünette an sein Herz drückt. Der schmalzige Titel verrät mir einen Liebesroman. Wahrscheinlich sind die Schilderungen so schön, daß sie zwischendurch nicht mehr weiterlesen, sondern nur noch weiterträumen kann. Mit offenen Augen blickt sie durchs Fenster in die Ferne und ist in Gedanken bei ihm, dem Helden, dem wunderbaren Mann.

Ich versuche mir vorzustellen, wie das einmal für sie sein wird, wenn sie mit einem normalen Durchschnittsmann verheiratet sein wird, der abends müde nach Hause kommt und lieber die Tagesschau als romantisches Kerzenlicht sieht, mit den Jahren eine Glatze und einen Bauchansatz hat.

Wird sie ihren Traum loslassen und die Wirklichkeit bejahen können? Oder wird sie den Traum behalten und den Mann loslassen — enttäuscht, frustriert, verbittert?

Träume sind nie nur Schäume! Weder Nacht- noch Tagträume sind bedeutungslos. Sie sind aus dem Material unseres tiefsten Innenlebens gewoben. Gerade in den Tagträumen kommen unsere geheimen Sehnsüchte und Wünsche so deutlich zum Ausdruck. Vielleicht haben wir unter

Zurücksetzung, Nichtbeachtetsein gelitten, und im Tagtraum, der Phantasie, schaffen wir uns den Ausgleich. Dort sind wir die Begehrte, die Erste, die Beste. Die Gedanken sind ja frei, man schadet niemandem damit. Ist es wirklich so?

Mein Traumbild zeigt mir an, daß ich meine Wirklichkeit schwer annehme. Ich wünschte mir, jemand anderes zu sein. Das macht mich unzufrieden mit mir, mit meiner Geschichte. Es verhindert die positive Entfaltung meiner Gaben, weil ich doch nie an das Traumbild herankomme. Der Traum vom Großen macht das Werden und Wachsen der unscheinbareren Möglichkeiten unmöglich.

Das Traumbild, das ich mir von einem Partner gemacht habe, ist auch nicht nur Schaum. Es setzt sich in meinem Herzen fest. Ich trage dieses Wunschbild in mir. Es wird ein Vorbild: So müßte, sollte er/sie sein. Ich messe den andern an diesem Bild.

Traumbilder entstehen nicht nur durch Vorstellungen, die wir aus den Medien haben. Auch Menschen, eigene Eltern, Pfarrer, Lehrer, Biografien, die auf uns einen großen Eindruck machten, werden zu Vorbildern, an denen wir uns orientieren. Das ist durchaus positiv. Wir brauchen Vorbilder, Orientierung, einen inneren Maßstab.

Nur: je unrealistischer und idealer das Bild, desto weniger hilfreich ist es zum Bewältigen des eigenen Lebens, des Miteinanders. Wunsch und Wirklichkeit klaffen dann so weit auseinander, daß sich dazwischen ein schier unüberbrückbarer Abgrund auftut.

Was hilft es einem jungen Ehepaar, das die ersten Gehversuche im Alltag macht, wenn es von einem älteren Paar hört, wie dankbar sie seien, daß in ihrer Ehe keine größeren Auseinandersetzungen zu bewältigen waren. Das ist zwar schön. Die jungen Leute aber möchten wissen, wie sie mit den kleinen und mittleren Meinungsverschiedenheiten umgehen können, die sie eben haben.

Erwartung hat viele Gesichter

Am Anfang eines Kurses sammeln viele Leiter die Erwartungen der Teilnehmer. Man macht Mut dazu, von diesem Seminar etwas zu erwarten und diese Erwartungen zu formulieren. Konkrete Erwartungen motivieren zum Mitmachen. Eine Erwartungshaltung führt hin zum Bitten vor Gott, daß er das tut und gibt, was Menschen nicht geben können. Da ist die Erwartung zugleich eine Zielsetzung: Das möchte ich in dieser Woche erreichen.

Es gibt berechtigte Erwartungen. In einem Stelleninserat lese ich die Anforderungen durch, die für diese Stelle nötig sind. Ich muß wissen, welche Erwartungen an mich gestellt werden.

Die Erwartung an ein Kind, für ein Geschenk danke zu sagen, ist berechtigt; aber die Erwartung von ewiger Dankbarkeit, die dieses Kind seinen Eltern gegenüber habe, ist unberechtigt.

Erwartungen sind positiver und negativer Art. Je nach Art und Wesen des Menschen tendieren wir mehr zu einem pessimistischen oder optimistischen Denken. So erwarten wir bei einer Krankheit eine Besserung oder Verschlechterung des Zustandes und beeinflussen uns selbst damit sehr.

Eine positive Erwartung verändert die innere Einstellung zum Guten hin. Wir programmieren uns selber in eine aufnahmebereite, offene Haltung — und müssen dabei natürlich auch bereit sein, die Enttäuschung zu akzeptieren, falls es nicht so ist.

Eine negative Erwartungshaltung führt zu negativen Ergebnissen. Im Buch »Anleitungen zum Unglücklichsein« beschreibt Watzlawik einen Mann, der sich beim Nachbarn einen Hammer ausleihen möchte.

»Ein Mann will ein Bild aufhängen. Den Nagel hat er, nicht aber den Hammer. Der Nachbar hat einen. Also beschließt unser Mann, hinüberzugehen und ihn auszuborgen. Doch da denkt er: Was, wenn der Nachbar mir den Hammer nicht leihen will? Gestern grüßte er mich schon nur so flüchtig. Vielleicht war er in Eile. Aber vielleicht war die Eile nur vorgeschützt, und er hat etwas gegen mich. Und was? Ich habe ihm nichts getan, der bildet sich da etwas ein. Wenn jemand von mir ein Werkzeug borgen wollte, ich gäbe es ihm sofort. Und warum er nicht? Wie kann man einem Mitmenschen einen so einfachen Gefallen abschlagen? Leute wie dieser Kerl vergiften einem das Leben. Und dann bildet er sich noch ein, ich sei auf ihn angewiesen. Bloß weil er einen Hammer hat. Jetzt reicht es mir wirklich. — Und so stürmt er hinüber, läutet, der Nachbar öffnet, doch bevor er »Guten Tag« sagen kann, schreit ihn unser Mann an: ›Behalten Sie Ihren Hammer, Sie Rüpel!‹«

Wir beeinflussen andere durch unsere negative oder positive Erwartungshaltung, wenn wir beispielsweise zu einem Kind sagen: »So wie du gelernt hast, schreibst du sicherlich heute eine Drei in der Französisch-Prüfung.«

Oder es kommt ein neuer Lehrer/Pfarrer, und schon nach der ersten Begegnung auf der Straße, noch bevor man sich kennengelernt hat, sagt man: »Von dem braucht man nicht viel zu erwarten — so wie der aussieht!«

Pfarrer, Lehrer, Polizist sind übrigens Berufe, die mit einer Erwartungsrolle belegt sind, die oft gar nicht einfach erfüllt werden kann.

Positive, realistische Erwartungen öffnen eine Türe, fördern das Vertrauen, bringen etwas in Bewegung. Sie werden zu Hoffnungen.

Negative Erwartungen verhindern, schließen zu. Natürlich gibt es auch berechtigte negative Erwartungen, weil wir spüren, daß da etwas nicht stimmt. Befürchtungen, die uns wachsam, vorsichtig machen.

Aber wir müssen sehr sorgsam umgehen mit Erwartungen, vor allem mit negativen Erwartungen. Nicht umsonst sagt man von einer schwangeren Frau: Sie ist in Erwartung, in guter Hoffnung. Auf die Erwartung folgt das Erwartete, die Geburt, das Kind. Was ich erwarte, trifft ein. Es gibt Menschen, die ständig der Ohrfeige nachlaufen.

Viele Erwartungen, die wir an andere richten, sind uns selber gar nicht bewußt. Sie sitzen so tief, sind vielleicht wie ein Familienerbstück von der Großmutter über die Mutter zur Tochter übergegangen, ohne daß jemand über die Berechtigung der Erwartung nachgedacht hätte.

Etwas klischeehaft können solche vererbten Familienerwartungen heißen: »Männer haben nur Sex im Kopf!« — »Der Mann bringt das schwer erarbeitete Geld heim, die Frau wirft's für Kleider und Telefonrechnungen wieder raus!« — »Männer haben wenig Gefühl und sagen meistens nein.« — »Frauen haben mehr Geschmack zum Einrichten der Wohnung.« — »Frauen sind romantisch und gefühlsbetont.«

Ich habe bei mir selbst gemerkt, wie tief solche Erwartungshaltungen sitzen. Ich hatte einen strengen Vater, der strikte Regeln hatte und manches verbot. Eine dieser Regeln hieß: »Bauern essen Äpfel und kaufen keine Südfrüchte!« — Oder: »Wer alles verschenkt, wird selber arm.« — Meine Mutter hielt sich aber nicht an diese Regeln. Sie suchte immer wieder eine Möglichkeit, damit wir heimlich zu Orangen kamen oder sie ihrer Freude am Verschenken Luft machen konnte. Als ich dann selber verheiratet war, entdeckte ich plötzlich, daß ich Geschenke für andere heimlich zu machen begann oder Lebensmittel, die nicht unbedingt notwendig waren, versteckte. Ohne es mir zu überlegen, erwartete ich von meinem Mann die Reaktionen meines Vaters.

Wieviel Schmerz bringen all die unausgesprochenen, stillen Erwartungen in unser Miteinander. Sie werden nicht laut gesagt und sind doch zu hören, zu spüren. Sie werden zu Forderungen, die wir stumm aneinander richten: Eigentlich habe ich von dir erwartet... Eigentlich habe ich gehofft, du würdest...

Wie erleichternd wäre da das offene Gespräch miteinander, das klärende Aussprechen der inneren Erwartungen. Ein Ehepartner, eine Schwiegertochter, Kinder können erdrückt werden durch unausgesprochene Erwartungen. Mit der Erwartung setzen wir sie unter Erfüllungsdruck. Eine Erwartung wird zur Forderung an den anderen. Fordernde Menschen sagen ohne Worte: Du müßtest mir das geben, bieten, tun. Du bist mir das schuldig. Neben fordernden Menschen hat man dauernd ein schlechtes Gewissen und fühlt sich ungenügend.

Was habe ich von Erwartungen?

Es ist ja nun einfach mal so, daß wir Menschen eigentlich dann am meisten motiviert sind, etwas zu tun, wenn es uns auch etwas nützt, wenn wir für uns selber einen Profit herausschlagen können. Das ist nicht nur bei den Finanzen so. Auch in unserem Verhalten im Umgang miteinander geht es um Profit. Sogar aus schlechtem Verhalten kann man einen Nutzen ziehen: Ein Kind, das sich unmöglich benimmt, erhält die Zuwendung der Eltern, auch wenn es durch Strafen geschieht.

Was nützen mir meine Erwartungen? Was ich selber nicht erbringen kann oder will in meiner Ehe, erwarte ich vom Partner. Ich selber fahre z. B. nicht gerne Auto. Ich erwarte das von meinem Mann. Er tut es auch gerne. Aber ich weiß genau, daß ich mich an dieser Stelle schone.

Eine andere Frau erwartet, daß der Mann die Kinder straft für ihren Ungehorsam. Warum tut sie es nicht selber? Sie schont sich an der Stelle, weil sie gerne bei den Kindern die »Liebe« sein möchte. Der Mann erwartet, daß die Frau sich um eine Ferienwohnung kümmert oder seinen Patenkindern zum Geburtstag schreibt. Eine Frau bricht in den Vierzigern aus der Ehe aus und erwartet neues Leben, einen neuen Aufschwung von einem neuen Partner. Das, was sie selber nicht bieten konnte, erhofft sie sich vom Wechsel. Eine Witwe erwartet, daß die Kinder an den Festtagen zu ihr heimkommen, damit sie nicht so einsam ist. Alle stöhnen und leiden, aber man wagt es nicht anzusprechen.

Die Überlegung ist hilfreich, welchen Nutzen ich aus meinen Erwartungen ziehe. Wo delegieren wir Sachen an den Partner, denen wir uns selber auch stellen müßten, weil wir sonst eigenes Wachstum verhindern?

Vom Umgang mit unerfüllten Erwartungen

Solange unsere Erwartungen erfüllt werden, entstehen äußerlich gesehen keine Probleme. Die Rechnung geht ja auf! Obwohl es gar nicht immer so positiv ist, wenn alle Erwartungen erfüllt werden, weil wir dann gar nicht über uns selber nachdenken müssen. Wenn aber Erwartungen offen bleiben, nicht in Erfüllung gehen, kommt die große Frage: Was jetzt?

Unsere Reaktion wird immer die der **Enttäuschung** sein. Hohe Erwartung und tiefe Enttäuschung sind fast Zwillinge. Zuerst ist sie mit Wut und Ärger gemischt. Wir sagen oder denken: »**Du** hast mich enttäuscht. Ich hatte von dir etwas anderes erwartet. Ich hatte es mir anders vorgestellt. Du hast versagt!«

Die Zähne der Zahnräder von Erwartung und Erfüllung haben nicht ineinandergegriffen. Je nach Temperament wird sich diese Anklage in Vorwürfen und Schuldzuweisungen über den ergießen, der die Enttäuschung verursacht hat. Oder sie zeigt sich in stummer Abwendung und darin, daß wir den andern links liegen lassen. Vielleicht auch, indem man in Selbstmitleid verfällt und am Telefon bei guten Kollegen das Herz ausschüttet und sagt: »Wie konnte ich nur so blind sein und diese Frau heiraten?«

Enttäuschungen in den Beziehungen gehen ans »Eingemachte«, es bricht etwas zusammen. Das löst Verunsicherungen, löst eine Krise aus. Der Weg in die Zukunft wirkt versperrt.

Daß das Wort Enttäuschung eine sehr hilfreiche Botschaft in sich trägt, ist wohl den meisten bekannt. Ent-Täuschung heißt: von einer Täuschung frei werden! Enttäuschung darf und muß sein.

Wenn ich den Zusammenbruch meiner hohen Erwartungen zulasse und aushalte, komme ich der Wahrheit und der Echtheit einen großen Schritt näher. Eigentlich wäre dies die beste Grundlage für eine schöne Beziehung.

Oftmals wird einem erst in der Enttäuschungszeit richtig bewußt, welche Erwartungen man an den Partner/die Partnerin gerichtet hatte. Das ist der beste Zeitpunkt, daß man sie einmal beim Namen nennt, formuliert und anschaut.

Vreni mußte solch eine Ent-Täuschung mit mir erleben. Sie hatte die Vorstellung, daß ein Prediger ein kontaktfreudiger, unterhaltsamer Mann sein müßte, der gerne Besuche macht und empfängt. Und jetzt entpuppte sich ihr Mann als eher introvertierter, zurückhaltender Typ, der gerne allein ist. Sie mußte sich erst bewußt machen, daß ihre Erwartung an mich vom Bild ihrer beiden Onkel herkam, die beide sehr leutselige Prediger waren.

Die Enttäuschung war notwendig, damit sie mich in meinem wahren Wesen wahrnehmen konnte. Es entstand so etwas wie ein Sprung in der festgefügten Erwartung und Vorstellung über mich. Sie sagte dann einmal zu mir: Jetzt ahne ich langsam, daß du gar nicht so daneben liegst, sondern in deinem Anderssein recht bist, weil du DU bist!

154

Der Aufschwung beginnt im Kopf —
zuerst in deinem!

Diesen Slogan, der als Wirtschaftsankurbler an den Reklametafeln prangt und oft zu lesen ist, möchte ich über die Veränderung setzen, die im eigenen Denken einsetzen muß.

Wer in der Enttäuschungsphase steckenbleibt, wer im Vorwürfemachen verharrt, der schadet sich selbst und verhindert eigenes Wachsen. Die negativen Gefühle sind Giftstoffe, die bitter und hart machen. Der Weg zueinander wird blockiert. Man gerät in eine Sackgasse.

Wer die Enttäuschung aber zuläßt und die Traurigkeit aushält, die hochkommt, weil man es sich doch so anders und schöner und besser vorgestellt, erwünscht, erhofft hatte, der findet einen begenbaren Weg, eine Türe zum Herzen des anderen.

Im Johannes-Evangelium sagt Jesus ein wichtiges Wort: *»Die Wahrheit wird euch frei machen«* (8, 32).

Mit falschen, zu hohen Erwartungen pressen und knechten wir andere Menschen in unsere Vorstellungen. Die hohe Erwartung wird zum Gefängnis, in das wir sie einsperren. Wir verurteilen sie, weil sie das nicht erfüllt haben, was wir von ihnen wollten.

Die Wahrheit öffnet die Gefängnistüren und läßt frei. Der Wahrheit geht es darum, daß dieser Mensch echt und wahr leben kann, daß er das werden darf, was Gott von ihm denkt. Er ist frei, damit er wachsen und sich entfalten kann nach seinem ihm eigenen Lebensentwurf.

Menschen sind keine Bonsai-Pflanzen, die man nach eigenen Ideen formen und klein halten kann, damit sie besser ins Zimmer passen.

Der Aufschwung beginnt im Kopf — zuerst in **meinem!** Die Veränderung in meinen Beziehungen beginnt bei mir. Andere kann ich nicht verändern. Aber ich kann eine neue Sicht gewinnen, ich kann meine Einstellung verändern, ich kann neue Gedanken über den andern denken. Bei mir beginnt's!

- Nehmen Sie sich doch an einem freien Abend oder Tag einmal Zeit, um über Ihre Beziehungen nachzudenken. Bitten Sie Gott, daß er Ihnen die Augen öffnet, damit Sie es erkennen können, wo Sie Ihrem Mann / Ihrer Frau, den Kindern etc. in einer Erwartungshaltung gegenüberstehen, die blockiert.
- Versuchen Sie, die Erwartung einmal konkret in Worte zu fassen, schriftlich zu formulieren. Was wünschen Sie von ihm/von ihr? Wie sollte er/sie sein, damit Sie zufrieden sind? Was kritisieren Sie am Partner? Wo hat er Sie enttäuscht?
- Fragen Sie sich selbst einmal: Woher kommt diese Erwartung? Warum stelle ich es mir so vor? Habe ich irgendwelche Vorbilder oder Traumbilder, die mir imponieren? Oder wurden an mich ähnliche Erwartungen gestellt, die ich nun weitergebe?
- Bitten Sie in der Stille um Vergebung, daß Sie andere mit Ihren hohen Erwartungen und Vorstellungen unter Druck gesetzt und ihnen den Stempel »ungenügend« aufgedrückt haben.
  Vergeben Sie den Menschen, von denen Sie selber überfordert und erdrückt werden oder wurden mit ihren Erwartungen.
- Öffnen Sie den Menschen, von denen Sie so viel erwarten, die Türe zur Freiheit. In unserer früheren Tätigkeit

als Leiter einer Tagungsstätte waren wir jedes Jahr bei den Fastenklausuren dabei. Da hat mich oft das Wort aus Jesaja 58 beschäftigt. Es ist überschrieben mit »Falsches und echtes Fasten«. Unter echtem Fasten, das Gott gefällt, zählt Jesaja auf: *»Laß los, die du mit Unrecht gebunden hast, laß ledig, auf die du das Joch gelegt hast. Gib frei, die du bedrückst, reiß jedes Joch weg.«*

Hohe Erwartungen gehören zum Joch, das wir andern auflegen oder das uns aufgelegt ist. Wir werden aufgefordert, die Joche wegzureißen und einander die Freiheit zu schenken. Liebevoll wollen wir die Stricke auflösen, wo wir mit Vorurteilen, Verurteilen, Kritisieren, negativem Denken andere gebunden haben und es im Herzen oder auch laut sagen: »Du bist frei! Du darfst du selber sein. Du mußt nicht mir entsprechen, sondern sollst hinhören auf Gottes eigenen Weg mit deinem Leben.« Denn ein Mensch kann nur dann glücklich werden und sich entfalten, wenn er im Einverständnis mit seinen eigenen Grenzen und Gaben und Gottes Plan seinen eigenen Weg finden kann.

● Ich erbitte mir eine neue Sicht für diesen Menschen, damit ich ihn überhaupt einmal wahrnehmen, entdecken kann, wer er ist. Ich interessiere mich für ihn. Ich beginne, mit ihm zu sprechen, zu fragen: »Woran freust du dich, was machst du gern? Wovor fürchtest du dich? Wie heißen deine Gaben und Grenzen? Was denkst du zu diesem Ereignis? Ich möchte deine Meinung wissen, sie ist mir wichtig.«

Damit begegne ich ihm mit innerer Achtung und schenke ihm die Würde, die er braucht und die ihm zusteht.

Im Grunde genommen ist das eine veränderte Herzens-
einstellung meinen Mitmenschen gegenüber. Ich trete ab
vom Podest des Regierens und Manipulierens, vom Besser-
wissen, wie es sein sollte. Ich überlasse das Regiment dem
Vater im Himmel, der es ja nun wirklich besser kann. Ich
erhalte einen neuen Auftrag für den Umgang mit meinen
Angehörigen: den des Hörens und Ermutigens.

Das hat nichts zu tun mit dem »Ohr an der Türe«, dem
Nachspionieren, sondern mit dem Hinhören des Herzens,
damit man das Geheimnis, das über jedem Menschen liegt,
verstehen lernt.

Kindererziehung wäre im Grunde genommen genau dies.

Das Geheimnis eines Menschen erschließt sich nur dem,
der sich Zeit nimmt zum Hören, auch zum Hören auf
Gott, und zum Reden mit ihm über diesen Menschen:
»Vater im Himmel, du bist der Schöpfer dieses Menschen.
Ich möchte so gerne deine Gedanken mitdenken können,
die du über ihn hast. Zeige ihn mir, wie du ihn siehst und
was du aus ihm machen willst. Ich will dir mithelfen bei
deinem Werk.«

Damit werde ich zum Mitarbeiter Gottes. Er wird mich
einsetzen als Ermutiger, der bestätigt, lobt, aufbaut, fördert, tröstet. Er wird mich als Ermahner brauchen, der kor-
rigiert, warnt, Ratschläge gibt und Auseinandersetzungen
aushält.

Die kleinen Hoffnungen begießen

Ein sehr ordentlicher Mann, der schon von seinem Elternhaus her Ordnungssinn mitbekommen hatte, heiratete eine recht chaotische Frau, die ihren Haushalt einfach nicht so gepflegt hinbrachte, wie er es von ihr erwartete. Das führte zu ständigen Spannungen. Sie wollte es lernen, gab sich alle Mühe. Eine Freundin half ihr, etwas System und Struktur in den Haushalt zu bringen. Sie freute sich dann jeweils auf sein Heimkommen und hoffte, daß er die Veränderungen sehen und sich daran freuen würde. Aber er sagte nichts. Das war so ein Frust für diese junge Frau, daß ihr der Schwung abhanden kam, mühsam Ordnung zu lernen. In späteren Ehegesprächen beim Seelsorger sagte er: »Ich habe ihre Bemühungen schon gesehen. Aber ich wollte sie nicht zu früh loben, damit sie nicht meinen würde, es sei schon gut genug.«

Die kleinen Anfänge, die kleinen Hoffnungen, sind wie keimende Pflanzen: Sie brauchen Pflege!

Eine Frau in der Lebensmitte leidet darunter, daß es so still geworden ist in ihrer Ehe. Seitdem die Kinder ausgezogen sind, wissen sie sich nicht mehr viel zu sagen. Auch der Berufsalltag des Mannes ist recht eintönig. Die Frau erwartet jeden Abend, daß er ihr Anteil gibt an dem, was er erlebt hat. Aber er erlebt eben auch nicht viel.

Obwohl der Mann jeden Abend unter dem stillen oder lauten Vorwurf leidet, daß er kein unterhaltsamer Mann sei und man mit ihm über nichts reden könne, versteht er die Sehnsucht seiner Frau nach Gesprächen, nach Erleben. Er macht ihr Mut, daß sie sich selber wieder dem Leben

außerhalb des Haushaltes zuwendet, aktiv in einer Frauen-
gruppe mitarbeitet. Später findet sie sogar eine Halb-
tagsstelle, die ihr zusagt und Freude macht. Nun ist sie aus-
gefüllt mit eigenem Erleben und weiß am Abend ihrem
Mann selber etwas zu erzählen. Sie kann die Erwartung an
ihn zurücknehmen.

Wenn wir den Mut haben, hinter die Forderungen und
Erwartungen zu schauen und die wahren Sehnsüchte und
Wünsche entdecken, dann können wir damit etwas ma-
chen. Das ist wie Ton in unserer Hand, den wir formen.
Wir gestalten etwas Brauchbares, Schönes damit.

Der Zerbruch der überhöhten Erwartungen ist die Ge-
burtszeit der echten Hoffnungen für eine echte Beziehung.
Durchs ganze Leben hindurch sind solche Zerbruchs-
prozesse notwendig. Jesus sagt im Johannes-Evangelium:
*»Wenn das Weizenkorn nicht in die Erde fällt und erstirbt, so
bleibt's allein. Wenn es aber erstirbt, bringt es viel Frucht.«*
Dieses Gleichnis vom Weizenkorn könnten wir so deuten:
Wenn unsere hohen Erwartungen nicht durch den Zerbruch der Enttäuschung hindurchgehen, bleiben wir mit
der harten Schale, dem harten, fordernden, anklagenden
Herzen allein. Wenn die Schale weich wird, kann der neue
Trieb durchstoßen, kann neues Leben entstehen, das wächst
und reift und Frucht bringt. Wahre Liebe und Partnerschaft
wird erst hier möglich.

Es tut uns oft so leid, wenn wir hören: Er/sie hat mich
enttäuscht, darum will ich mich trennen. Oder eine
Freundschaft wird abgebrochen, ein Kontakt mit Nachbarn eingestellt, weil man enttäuscht ist voneinander.

Die Enttäuschung gehört doch dazu! Jetzt nach der Enttäuschung, nach dem Beerdigen der Wunschbilder, nach

dem Loslassen der falschen Erwartungen, beginnt der Aufbau der echten Beziehung, kann die Liebe regieren.

Begießen statt drücken

Mit meinen Erwartungen setze ich andere unter Druck. Ich versuche, sie in meine Vorstellungen zu drücken und bin enttäuscht, wenn es nicht gelingt, wenn sie sich nicht in meine Schablone hineinpressen lassen. Die Gefahr dabei ist groß, daß man erdrückt. Und wenn der Mann/die Frau dann endlich in die Schablone hineinpassen, sind sie so gequetscht und zerknittert, daß kaum mehr eine glückliche Beziehung möglich wird. Mit der Erwartung setzen wir oben an, wie der/die andere sein sollte.

Fangen wir doch unten an: Begießen statt drücken!

Den Wurzeln Nahrung geben! Das sind die Hoffnungen, Möglichkeiten zur Veränderung, zum Wachstum einer Persönlichkeit und der Beziehung.

Begießen Sie die Wurzeln mit
- Annahme
- Wahrheit
- Gespräch und Zuhören
- Vergebung
- Vertrauen
- Ermutigung (Förderung)
- Liebe

Woher Wasser holen, wenn durch die erlebten Enttäuschungen hindurch die Beziehung so dürre geworden ist, wir selbst uns ganz ausgetrocknet fühlen? Ich weiß nur eine »Zapfstelle«, die nie versiegt:

»Die Liebe Gottes ist ausgegossen in unsere Herzen durch den Heiligen Geist« (Röm 5,5).

Fragen zum Überlegen

- Lebe ich noch mit einem »Wunschbild« von mir oder meinem Mann/meiner Frau, den Kindern?
  Wie sieht dieses »Wunschbild« aus? Woher kommt es?

- Fordere ich durch Anklagen, Nörgelei, Unzufriedenheit die Erfüllung meiner Wunschvorstellungen ein?

- Neige ich eher zu positiven oder negativen Erwartungen? Wie wirkt sich das aus? Wie beeinflusse ich damit andere?

- Wo erwarte ich, daß mein Mann/meine Frau/die Kinder mir Dinge abnehmen, die ich selber erledigen oder anpacken müßte?

- Mit welchem Punkt will ich heute beginnen, um eine Veränderung zu bewirken? Oder mit wem will ich ein offenes Gespräch darüber führen?

Was steht zwischen dir und mir?

Hatte ich mich nur getäuscht, oder war es tatsächlich so? Frau X, die ich so gut kannte, wich mir aus. Bei der Begrüßung hatte sie einen weiten Bogen um mich gemacht. Was war nur los? Ich hörte in mir die Stimme meines Mannes, die warnend sagte: »*Hör nicht die Flöhe husten! Nicht jede Verstimmung hat etwas mit Dir zu tun. Man darf das nie zu persönlich nehmen.*«

Und doch läßt es mir keine Ruhe. Ich suche sie in der Menge der anwesenden Frauen, gehe auf sie zu mit den Worten: »Wir haben uns noch gar nicht begrüßt! Schön, daß du auch da bist!« — Und jetzt merke ich, daß ich mich nicht getäuscht hatte. Sie lächelt zwar höflich, aber das Herz ist zu. Irgend etwas steht zwischen uns wie eine unsichtbare Mauer. Zwischen uns entsteht Fremdheit und Distanz, obwohl wir nach außen hin in Kontakt sind.

Dieses Erlebnis steht für viele andere ähnliche Erfahrungen bei uns.

Die Entdeckung, daß »etwas zwischen uns steht«, machen wir nicht nur bei Bekannten und Nachbarn, die man ab und zu trifft. Sie ist auch da zwischen unseren Nächsten und Allernächsten und macht uns unheimlich zu schaffen.

Wie reagieren wir darauf?

Es führt uns ins

Grübeln

Wir durchforsten zurückliegende Begebenheiten: Worte,
die wir gesagt, Briefe, die wir geschrieben haben, ob da
irgend etwas drinstehen könnte, das diese Beziehungs-
trübung verursacht haben könnte. Wir stellen Hypothesen
auf, vermuten dieses und jenes. In Gedanken spinnen wir
die größten Geschichten zusammen. Je mehr einem an der
Beziehung liegt, je näher die Beziehung ist, desto mehr leidet man an diesem Zustand. Es gibt Ehen, Kinder-, Eltern-,
Verwandtschaftsbeziehungen, die jahrelang darin leben und
aushalten müssen, weil man über das, was eigentlich dazwischen steht, nicht reden kann. Obwohl es fast greifbar da
ist, ist es nicht faßbar.

Rückzug

Die spontane Freude und Herzlichkeit in der Begegnung
macht einer vorsichtigen Zurückhaltung Platz. Man weiß ja
nicht, was der/die andere alles über mich denkt und gegen
mich hat. Die Verunsicherung blockiert. Worte werden
genau abgewogen, weil man nicht mehr sicher ist, ob der
andere sie richtig versteht oder uminterpretiert. Vielleicht
liefere ich ihm mit meinen Worten noch Futter für seine
Anklagen gegen mich. Das Herz geht zu, der Kontakt läuft
auf der Verstandesebene und bleibt kontrolliert. Man versucht, Worte, Verhalten zu deuten: Was hat sie wohl wirk-

lich damit gemeint mit diesem Satz? War er auf mich gemünzt?

Entfremdung

Das, was zwischen uns steht, bewirkt Distanz. Der Graben dazwischen ist so tief und die Brücke, die darüber führt, ist irgendwo abgebrochen. Man steht sich gegenüber wie auf zwei fernen Ufern und versteht sich nicht mehr. Was soll man sich auch noch sagen und erzählen? Der/die andere ist mir so fremd geworden. Schweigen breitet sich aus. Man weicht sich aus, sucht bei anderen Menschen Annahme und Bestätigung.

Aber was steht denn zwischen uns?

Eine bunte Palette bietet sich da an. Das Leben hat genügend Möglichkeiten, Fehler zu machen, Mißverständnisse, böse, kränkende Worte, falsche Interpretationen von Verhalten, unterschiedliche Ansichten, nicht eingehaltene Versprechungen, Ungerechtigkeiten, Eifersüchteleien, alte innere Verletzungen, die ständig neu aufbrechen, persönliche Launen und Verstimmungen etc.

Wo man miteinander lebt, kann man das Schuldigwerden aneinander gar nicht umgehen. Es ist nicht nur ein netter Spruch, sondern Tatsache: »Es gibt keine fehlerlosen Menschen.«

Ich denke an eine Frau, die sich bitter über ihren Mann beklagte. Er sei ein Geizhals und gönne ihr jetzt im Winter nicht einmal die warme Stube. Sie halte es fast nicht aus daheim, und das stehe zwischen ihr und ihrem Mann. Der Mann ging jeden Morgen, bevor er zur Arbeit mußte, an der Heizung vorbei und stellte die Tagestemperatur ein. Aber es wurde nie richtig warm im Hause. Natürlich hätte die Frau höher stellen können, aber sie nahm aus Trotz die Märtyrerhaltung ein. Wenn er mir die Wärme nicht gönnt, dann friere ich eben — aber er muß dafür büßen. Wenn er abends nach Hause kam, merkte er die frostige Atmosphäre im ganzen Haus. Er litt darunter, wußte aber nicht, was seine Frau hatte. Bis sich die Situation dann endlich soweit hochgeschaukelt hatte, daß es zu einem richtigen Ehekrach kam und sie ihm seinen Geiz und seine Lieblosigkeit vorwerfen konnte. Er wußte gar nicht, wovon sie sprach, hatte nur die ganze Zeit bemerkt, daß etwas zwischen ihnen war. Die Situation erhellte sich dann, als er ihr erklärte, daß er nur nach Gefühl den Thermostaten höhergestellt habe. Ohne Lesebrille konnte er die Zahlen gar nicht mehr lesen, aber sie habe ja nie etwas gesagt.

Ein Mißverständnis, das sich glücklicherweise klären ließ. Aber oft geht es viel tiefer, verletzt unser Herz, unsere Seele und hinterläßt tiefe Wunden.

Da ist eine Mutter mit zwei erwachsenen, verheirateten Kindern. Zur Tochter besteht eine innige Verbindung. Jede Woche besuchen sie einander, und die Großmutter verwöhnt die Enkelkinder mit Spielsachen und Kleidern.
Aber da sind noch der Sohn und die Schwiegertochter mit ihren Kindern, die etwas weiter entfernt wohnen und keine so gute Beziehung haben. Wie froh wäre die Schwiegertochter um einen Zuschuß für die Kinder oder ein Angebot, daß die Schwiegermutter die Kinder einmal hütet.

Aber es kommt nichts. Voller Neid realisiert sie die ungerechte Behandlung und wird bitter gegen ihre Schwägerin und die Schwiegermutter. Bittere Giftstoffe sammeln sich in dieser Wunde. Mit der Zeit will sie zu keiner Familienfeier, keinem Besuch mehr mitkommen. Sie wird voller Ablehnung und Haß. Und das Schwere daran ist, daß auch ihr Mann und die Kinder mitvergiftet werden von der Bitterkeit gegenüber der Mutter und Großmutter.

Ungerechtigkeiten, Erfahrungen des »Zu-kurz-gekommen-Seins« stehen zwischen diesen Menschen und machen eine Beziehung unmöglich.

In einer andern Situation steht die Angst, nicht zu genügen, weniger beliebt und weniger begabt zu sein, zwischen zwei Nachbarinnen, die eigentlich beide gerne Kontakt miteinander hätten.

Beide Frauen sind Christen und Mitarbeiterinnen in der gleichen Gemeinde. Ursula kann gut organisieren, ist sehr kontaktfreudig, es läuft immer etwas. Durch ihre offene Art erhält sie ständig Anfragen, ob sie da und dort mitmachen würde. Neben ihr wohnt Nelly. Eine liebevolle, herzliche Frau, eher zurückhaltend und häuslich. Man muß sie entdecken, um ihren Wert zu erkennen. Ganz erstaunt sieht Nelly oft, daß Ursula schon am Morgen die Kinder ins Auto packt und etwas unternimmt, oder daß Ursulas Mann früher heimkommt und nach den Kindern schaut, damit sie weg kann. Nelly versteht das nicht. In ihren Augen ist das falsch. Sie verurteilt Ursula, stuft sie ins feministische Lager ein. Das ist jetzt eben so eine, die auf dem Selbstverwirklichungstrip ist und groß herauskommen will.

Die Vorurteile und Verurteilungen verhindern ein Miteinander dieser beiden Frauen. Urteile stehen dazwischen.

Was tun wir mit dem, was zwischen uns steht?

Das Gespräch suchen und nach Möglichkeit mit der betreffenden Person klären, was denn eigentlich dazwischen steht. Wenn beide an der komischen Situation leiden und sich eine neue Nähe in der Beziehung wünschen, läßt sich meist eine Lösung finden.

Die Bedingung dazu ist, daß man sich getraut, zur Wahrheit zu stehen und ehrlich zugibt und sagt, wo der Schuh drückt.

Alle Ausreden, Halbwahrheiten führen nur in neue Distanziertheit. Auf diesem Boden kann nichts Neues wachsen.

Es nützt nichts, wenn ich mit einem Herzen voller Groll, aber mit freundlichem Lächeln sage: »Ich weiß gar nicht, was du meinst. Ich habe überhaupt nichts gegen dich.« Der/die andere ist verwirrt und weiß nicht, wem er glauben soll: den schönen Worten oder seinem Herzen, das die Heuchelei spürt.

Wenn kein Gespräch möglich ist, weil der andere es gar nicht will oder für nötig hält, entlastet auch ein seelsorgerliches Beratungsgespräch. Ich kann meine Not einem Menschen anvertrauen. Ein guter Seelsorger wird weder mir noch der anderen Person recht geben, sondern wird mit mir zusammen vor Gott treten und von ihm her Klarheit und Weisung erbitten für die nächsten Schritte.

● Wie könnten solche Schritte praktisch aussehen? Was kann ein Mensch von seiner Seite her tun, ohne daß der andere dazukommt?

- Ich halte inne und überprüfe die Situation: Ist mir irgend etwas bewußt, das von meiner Seite her nicht in Ordnung war dieser Person gegenüber?
- Hege ich bittere Gefühle oder Gedanken gegen diesen Menschen?
- Verurteile oder verachte ich ihn in meinem Herzen?
- Male ich mir negative Sachen aus, die andere reden und gegen mich tun?
- Bin ich eifersüchtig, neidisch auf ihre Gaben oder Möglichkeiten oder ihre Stellung?
- Regt mich diese Person auf oder stößt sie mich ab durch ihre Andersartigkeit, ihre Kleidung, ihre andere Erkenntnis in Glaubens- oder Erziehungsfragen? Lehne ich sie innerlich ab?

Wenn ich hier etwas ankreuzen muß, merke ich, daß in meinem Herzen sich etwas verändern muß. Ich habe eine Mauer aufgerichtet und dem andern eine unsichtbare Last aufgelegt.

Ich muß umkehren, Gott um Vergebung bitten für die Verschmutzung meines Herzens. Mein Herz ist unrein geworden dieser Person gegenüber. Ein unreines Herz vergiftet mich und den andern.

In der heutigen Alternativmedizin wird das Fasten wieder entdeckt und gerühmt als Entschlackung, als Entgiftung des Körpers. Im Fastenkapitel des Jesajabuches (58, 6) steht, was Gott sich unter echtem Fasten, echter Entschlackung auch in unseren Beziehungen vorstellt: »*Das aber ist ein Fasten, an dem ich Gefallen habe: Laß los, die du mit Unrecht gebunden hast, laß ledig, auf die du das Joch gelegt hast. Gib frei, die du bedrückst, reiß jedes Joch weg!*«

Die Bitte ist wichtig und dringend: »Vergib mir Herr, daß ich so über meinen Nächsten gedacht habe. Es tut mir leid. Bitte wasche mich von dieser Verunreinigung und Bitterkeit rein durch das Blut Jesu Christi. Ich reiße das Joch, das ich mit meinem Denken auf die Person gelegt habe, nieder und gebe sie auch in meinen Gedanken frei. Ich segne sie in deinem Namen!

Ich will meine innere Haltung dieser Person gegenüber verändern, will über sie das Gute denken und sagen. Ich will sie so akzeptieren, wie sie ist. Und wenn du, Gott, eine Gelegenheit schenkst, will ich sie bewußt kennenlernen oder ihr etwas Gutes tun.«

Eine solche Haltung bedingt aber, daß ich ganz entschieden den Weg des Glaubens wählen will, daß ich meinen Gedanken- und Herzensneigungen nicht einfach freien Lauf lasse, sondern sie bewußt und klar unter den Gehorsam Jesu Christi stelle (2. Kor 10, 5: »*Wir nehmen gefangen alles Denken in den Gehorsam gegen Christus*«).

Und noch etwas kann ich selber überprüfen.

Habe ich ein falsches Selbstbild?

Denke ich von mir klein, gering, minderwertig? Oder denke ich zu hoch von mir, bin auf Anerkennung und Bestätigung aus?

Wenn das so ist, werde ich Äußerungen und Reaktionen anderer oft sehr persönlich und auch auf mich gemünzt nehmen. Je unsicherer ein Mensch ist im Blick auf seine eigene Person, desto schneller fühlt er sich angegriffen und übergangen.

Das falsche Selbstbild zeigt sich in Minderwertigkeitsgefühlen genau so wie im Stolz. Bei beiden Arten drehen wir uns um uns selbst, sind in uns gefangen und reagieren daher sehr empfindlich. Wer sich ständig verletzt fühlt von andern, sollte einmal bei sich selber überprüfen, ob da nicht eine ganz schöne Portion Stolz vorhanden ist.

Ein falsches Selbstbild muß zuerst erkannt werden. Erst dann kann man an die Veränderung gehen und sich fragen: »Warum habe ich den Mut nicht, mich ganz ehrlich so anzunehmen, wie ich bin?« Ein großer Schritt in die Freiheit heißt: unabhängig werden vom Bild, das ich selber über mich habe und von dem, was ich meine, das andere über mich denken. Gottes Bild, Gottes Sicht über mein Leben will ich gelten lassen und annehmen.

Er sagt zu mir: »Ja, so wie du von Natur aus bist, genügst du nicht. Du bist ein Sünder und hast ein schmutziges Herz. Das bringst du auch mit dem weißesten Weiß eines Waschmittels nicht weg. Aber deine Chance heißt: Jesus Christus. Durch ihn ist für dich ein Neuanfang möglich, durch ihn erlebst du, daß du vom Vater im Himmel angenommen wirst. Durch den Glauben an Jesus wirst du gerecht gemacht.«

Damit gelten all die Verurteilungssätze und Selbstanklagen nicht mehr: Keiner mag mich. Die Wahrheit Gottes gilt jetzt über meinem Leben: Ich bin seine geliebte Tochter, sein geliebter Sohn, auch wenn ich nicht so lieb war. Ich bin gerecht gemacht, auch wenn ich Fehler mache. Ich bin angenommen und wert geachtet, das gibt mir Würde und Bestätigung.

Damit muß ich nicht mehr ständig meiner Anerkennung hinterherrennen und kann die Sucht nach Beliebtheit aufgeben.

Wenn ich übergangen, nicht beachtet werde, wird es wohl weh tun. Aber meine Welt bricht nicht mehr zusammen.

Ich kann dann denken: Der/die andere hatte vielleicht einen schlechten Tag, oder sie hat an etwas ganz anderes gedacht, als wir uns sahen. Es muß mit mir absolut nichts zu tun haben. Deshalb trage ich es auch nicht nach, zweifle auch nicht an unserer Beziehung. Ich bleibe offen, freundlich und gehe wieder auf sie/ihn zu.

Und wenn Schuld dazwischensteht?

Eine vierzigjährige, verheiratete Frau hat sich in ihren Chef verliebt und ist Knall auf Fall daheim aus- und zum Chef gezogen. Ihr Mann ist ein stiller, geduldiger Mann. Obwohl er sehr verletzt ist durch dieses Geschehen, wartet er ab, ob sie nicht plötzlich zurückkommt. Tatsächlich, obwohl sie nur noch von Scheidung sprach, steht sie nach einigen Monaten wieder da mit den Worten: »So, da bin ich wieder!« Sie geht wieder in die Küche, ins Schlafzimmer, als wenn nichts gewesen wäre. Er weiß nicht recht, was er tun soll. Kann man einfach so über all den Schmerz hinweggehen: »So, da bin ich wieder!«? — Ist Ehebruch Schuld oder nicht?

Natürlich kann man über Schuld hinweggehen, so tun, als hätte sie nie existiert. Aber es wird nie ganz gut werden zwischen den beiden. Schuld kann man nicht unter den Teppich kehren. Sie bleibt bestehen.

Finanzielle Schulden sind eine Rechtsangelegenheit. Wenn ich der Bank eine große Summe schulde, habe ich der Bank einen Schuldvertrag unterschrieben. Ich bezahle dafür Zinsen, und ich muß den Betrag eines Tages zurückzahlen. Ich kann zwar so tun, als ob es die Schuld nicht gäbe. Ich kann den Schuldvertrag verbrennen, verlieren, vergessen. Aber sie bleibt bestehen. Die Bank wird mich daran erinnern und die Zinsen oder die Rückzahlung einfordern.

Auch mit der Schuld, die zwischen uns Menschen steht, ist es so. Es ist eine Rechtsangelegenheit. Wenn ich schuldig werde, hat der andere Schuldscheine in der Tasche, die er vorweisen kann. Er kann Zins einfordern, mich anklagen.

Wie froh wären wir oft, wenn wir Schuld mit dem dicken Tuch des Vergessens zudecken könnten. Oder wenn wir sie abarbeiten oder mit Geld gutmachen könnten. Wie würden wir uns bemühen, sie los zu werden!

Es gibt nur ein Tilgungsmittel für Schuld: das Blut Jesu Christi. Und es gibt nur eine Entsorgungsstelle für all den Schmutz unseres Lebens: das Kreuz auf Golgatha. Unser Schmutzabfall kann ohne Abfallsackgebühr hier deponiert und entsorgt werden. Gott selber nimmt das vor. Er sühnt hier die Schuld, er übt hier Gericht über alle Schuld — aber nicht an mir, sondern an seinem Sohn Jesus Christus. Er nimmt das Opfer, das Jesus für uns gebracht hat, an und erläßt uns die Schuld. Er vergibt. Er streicht alle Schuld durch. Er beseitigt, was zwischen uns stand.

Wer von Gott Vergebung erhalten hat, darf ganz klar wissen: Diese Schuld besteht nicht mehr. Sie wird von keinem Gericht mehr hervorgeholt und als Anklage gegen mich verwendet. Sie ist weg!

Was für ein Angebot für unsere Beziehungen, in denen Schuld dazwischensteht!

Wir dürfen vor Gott und voreinander um Vergebung bitten und es einander zusprechen: Ja, ich vergebe dir. So können selbst tiefste Schäden und größte Distanzen wieder gut werden.

Es steht nichts mehr dazwischen. – Oder doch?

Vielleicht die verletzten Gefühle, der Schmerz über das Versagen oder die Bitterkeit, weil mir Unrecht getan wurde.

Die Vergebung ist eine Willensentscheidung. Aber die Gefühle? Kann man die willentlich beeinflussen? Die sind nun doch einmal verletzt! Und vergessen kann ich das Geschehene nun einmal nicht. Man kann es doch nicht auslöschen aus dem Gedächtnis?

Sind wir den Gefühlen ohnmächtig ausgeliefert? Der Psychotherapeut Reinhold Ruthe braucht jeweils den Satz: *»Wir selber sind die Fabrik unserer Gefühle. Wir produzieren die Gefühle.«*

Gefühle kann und muß man nicht verdrängen. Aber mit Gefühlen kann man umgehen. Z. B. mit ihnen sprechen, sie darauf aufmerksam machen, daß die Vergebung geschehen ist und daß wir der Bitterkeit nicht mehr das Recht einräumen, alles zu vergiften. Wir künden der Bitterkeit das Wohnrecht.

David fragt in Psalm 42 seine Seele: *»Was betrübst du dich, meine Seele, und bist so unruhig in mir?«* – Und er weist sie an: *»Harre auf Gott.«*

Dem Schmerz in uns sagen wir, daß wir ihn verstehen, daß es wirklich sehr weh tut. Aber wir haben einen Tröster, den Heiligen Geist, der uns in diesem Schmerz trösten und heilen will.

Ich spreche mir jeweils laut ein Bibelwort vor. Z. B. aus Jes 53: *»Die Strafe liegt auf ihm, auf daß ich Frieden hätte, und durch seine Wunden bin ich geheilt. Er hat meine Schmerzen auf sich geladen.«*

174

Dieser Friede von Gott gilt mir. Ich beanspruche ihn für mich, für mein verwundetes Herz.

Und wenn ich diesen anderen Menschen nicht mehr um Vergebung bitten kann, weil er gestorben ist oder weil die Scheidung jeden Kontakt unmöglich macht, weil Kinder ausgezogen sind und nicht mehr heimkommen?

Ein Friedhofsgärtner sagte letzthin zu uns: »*Die Blumengeschäfte leben vom schlechten Gewissen der Menschen.*« – Eben von dem, was dazwischen steht.

Aber mit den Blumen, die man nachträglich auf die Gräber trägt, ist das schlechte Gewissen höchstens besänftigt, nicht gut.

Ich kann das, was an mir liegt, tun. Ich bitte vor Gott um Vergebung für meine Schuld, und ich vergebe dem andern, wo er mir Unrecht getan hat.

Ich vergebe ganz und gar, d. h. ich liefere auch die kleinen Schuldscheine, die ich noch in der Tasche behalten habe, aus. Ich gebe sie ab. Diese Schuldscheine waren ja auch Rechtfertigungen. Z. B. für das Recht auf die Scheidung. Ich konnte sie wieder anschauen und die Wut über diesen Unhold hochkommen lassen. Vergeben heißt: Entlassen aus der Anklage, entlassen aus dem Schmerz, den andern freigeben. Ich trage ihm nichts mehr nach. So hat Gott es mit mir gemacht.

Der Herr steht zwischen dir und mir

So sagte Jonathan zu David beim Abschied (1. Sam 20, 42), als er ihm durch den Pfeilschützen die Absichten seines Vaters, des Königs Saul, kundtat.

Wie schön, wenn wir diese Sicht mitnehmen können in unsere Beziehungen: Zwischen dir und mir steht der Herr.

Das wäre dieser gesunde Abstand, daß wir einander nicht besitzen, vereinnahmen, sondern als eigene Persönlichkeiten achten und ehren, einander Freiraum lassen und doch herzlich lieben.